대한 사람 대한으로

청소년을 위한 잃어버린 우리의 시원역사
대한 사람 대한으로

발행일	2017년 11월 15일 초판 1쇄
	2018년 2월 2일 초판 2쇄
발행인	안경전
저 자	안경전
발행처	상생출판
주소	대전시 중구 선화서로 29번길 36(선화동)
전화	070-8644-3156 · 팩스 0303-0799-1735

ISBN 979-11-86122-64-8

청소년을 위한 잃어버린 우리의 시원역사

대한 사람 대한으로

안 경 전 지음

상생출판

서문

한민족의 뿌리를 찾는 역사 여행

지난 이른 봄날, 필자는 한민족 분단의 현실을 생생하게 보여주는, 대한민국 최북단 강원도 고성에 위치한 통일전망대에 올랐습니다.

9천여 년을 함께 살아 온 동족이 남북으로 갈리어 서로 총부리를 겨누고 있는 한반도! 쌀쌀한 겨울 바다의 기운을 느끼며 분단된 한민족의 비극사를 절감하지 않을 수 없었습니다. 1층의 마지막 전시실을 나서면서 입구 벽에 걸린 박두진 시인의 〈아, 민족〉이란 시를 읽는데, 문득 대한민국 통일의 비전과 남북통일의 새 역사 정신이 머리를 스쳤습니다.

> 겨레여 형제여
> 우리들 이 가슴 속엔
> 진한 혈조가 눌리다 또 끓어올라
> 솟구치지 않느냐 ...
> 오늘 우리가 우리의 조국 못 통일하면
> 자유 민주 민족통일 못 이룩하면 어떻다 하리
> 먼 후예가 오늘의 우리를 어떻다 하리

'자유와 민주'라는 가치는 근대 이후 자본주의 혁명을 성공시키고 인간의 꿈을 성취할 수 있게 한 근대사의 중요한 주제입니다.

그러나 한민족의 통일은 이 소중한 '자유와 민주'라는 이념만으로는 성취할 수 없습니다. 그것을 기반으로 한, 그보다 더욱 중대한 역사 과제가 있습니다. 한반도를 둘러싼 동북아시아의 정세를 볼 때 남북통일은 단순히 우리나라만의 문제가 아님을 보여주고 있습니다. 중국과 일본의 역사왜곡과 영토분쟁 그 한가운데에서 대한민국은 점점 치열한 '동북아 역사전쟁'의 소용돌이 속으로 휩쓸려 가고 있습니다.

오늘의 한반도가 당면한 위기에 대해 서울대 송호근 교수는 "구한말 망국 때와 정확히 일치한다. 과장이 아니다. 그때보다 더 열악하다. 한국을 두고 벌어지는 국제정세가 그렇고, 그와는 아랑곳없이 터지는 내부 분열도 그렇다."라고 경고했습니다. 현재 대한민국은 제국주의 침략으로 국토가 유린되던 19세기 후반보다 훨씬 더 위험하고 심각한 상황에 놓여 있다고 한 것입니다.

이러한 위기 상황은 머지않아 현실로 다가올 수도 있습니다. 미래를 맞이할 대한의 청소년들은 이러한 상황을 어느 정도 인식하고 있을까요?

얼마 전, 미래 통일 세대의 주역이 될 청소년들에게 '만약 북한과 전쟁이 나면 어떻게 하겠느냐?'는 질문을 했습니다. 이 질문에 중고등학생의 58%가 '해외로 도피한다'고 답을 했습니다. 19%의 학생이 '참전하거나 다른 방식으로 나라를 돕겠다'고 응답했습니다.

나라와 민족을 지켜야 할 청소년의 애국심이 의외로 낮아 충격을 주었습니다. 지금 한국 사회의 현실을 보면 어쩌면 당연한 결과인지도 모릅니다.

조국을 자랑스러워하고 사랑할 수 있는 힘은 역사 교육에서 나옵니다. 한반도를 둘러싸고 벌어지는 이 역사 전쟁의 위기를 극복하는 길은 잃어버린 역사를 제대로 알고 찾는 데에서 출발합니다. 역사를 잃고서 나라를 보존한 민족은 없습니다.

세계인들은 한류 열풍을 타고 한국 노래와 드라마, 한글을 좋아하고 한국이 어떤 나라인지 더 알고 싶어합니다. 외국인들은 우리 역사와 문화에 관심을 기울이는데 정작 우리는 뿌리 역사를 잃어버렸습니다. 우리가 역사를 등한시하는 사이에, 이웃 나라 중국과 일본은 역사를 조작하고 부풀리며 미래를 바꿀 준비를 했습니다. 우리 고대사를 그들의 역사에 포함시키고 빼앗는데도 우리 역사학계는 제대로 대응하지 못하고 있습니다. 오히려 중국과 일본의 입장에 동조하는 태도를 보이는 학자도 있습니다.

우리는 어린 시절부터 한민족의 첫 나라를 서기 전 2333년에 단군왕검께서 세운 고조선이라 배웠습니다. 올해 2017년은 단기 4350년입니다. 그래서 우리 역사를 고조선 이래 5천 년 역사 또는 반만년 역사라 부릅니다. 그러면서도 고조선을 세운 단군은 실존 인물이 아니라 신화 속 인물이라 배웠습니다. 곰이 쑥과 마늘을 먹고 사람으로 변했다는 이야기를 정말 믿을 수 있을까요? 많은 사람들이 이른바 단군 신화를 믿으며 우리 뿌리 역사를 부정합니다.

그 이유는 식민사학의 잘못된 역사관을 떨쳐 버리지 못했기 때문입니다. 일제 식민주의 사학자들은 9천 년을 이어 온 가슴 벅차고 웅대한 우리 역사를 단칼에 베어 버렸습니다. 뿌리 역사를 간직한 서적을 모조리 불태우고, 조작한 역사, 불구의 역사를 가르쳤습니다.

우리 민족은 예로부터 스스로 배달민족, 배달겨레라 했습니다. 배달은 무엇을 말하며 어디에서 왔을까요? 누구에게 물어도 시원스레 대답하는 사람이 없습니다. 오늘날 학교에서는 오로지 단군신화를 우리의 뿌리라 가르칩니다.

과연 우리 민족사는 신화에서 출발한, 뿌리 없는 역사일까요? 그렇지 않습니다. 나무는 뿌리가 있고 물은 샘이 있듯이, 우리 민족도 뿌리가 되는 나라와 조상이 분명히 있습니다!

우리 민족의 시조는 크게 세 분이 계십니다. 4천 년 전 단군성조, 6천 년 전 환웅천황, 9천 년 전 환인천제입니다. 이분들을 일컬어 '한민족 삼성조'라 합니다. 이 삼성조 시대의 역사는 단지 신비로운 이야기가 아니라 '실제 역사'입니다.

우리 역사는 언제 시작되었고, 최초의 나라는 무엇인지 밝힌 책이 있습니다. 최근 역사학계에 관심을 끌고 있는 『환단고기』라는 책입니다. 『환단고기』는 한민족사뿐만 아니라 인류사의 출발을 밝힌 놀랍고도 방대한 내용이 들어 있습니다.

저자는 이 『환단고기』의 핵심 내용을 소개하여 우리 역사의 기원을 분명하게 알릴 것입니다. 이제 여러분과 함께 바이칼 호수에서 출발하여 중앙아시아 천산을 넘어 유럽과 중동까지, 중국과 일본, 아메리카 대륙을 거쳐 오대양 육대주를 누비며, 한민족의 시원을 찾는 역사 여행을 해 보겠습니다. 그리고 우주의 가을개벽이라는 거대한 변혁을 통해서 하늘, 땅, 인간이 어떻게 새롭게 태어나며, 인류 앞에 펼쳐질 꿈의 지상선경 낙원이 어떻게 펼쳐질 것인지 흥미진진하게 알아보겠습니다.

우리 대한의 청소년들이 뿌리를 바로 찾고 올바른 역사를 들여다보는 눈을 회복함으로써 나라를 사랑하고 민족을 자랑스러워하며, 세상을 밝고 희망차게 이끄는 세계사의 주인공으로 거듭나기를 기원합니다.

환기 9214년, 신시개천 5914년, 단군기원 4350년
서기 2017년 10월

安 耕 田

차 례

Chapter *1*

역사를
잃어버린
한민족

국보 1호 남대문

임진왜란 당시 왜군 장수 가토 기요마사가 한양을 침략할 때 숭례문으로 들어왔다.

1934년, 조선총독부는 이 사실을 칭송하고자 숭례문을 남대문으로 격하하면서 보물 1호로 지정하였다. 광복 후, 정부는 일제의 악업을 답습하여 숭례문을 국보 1호로 지정하였다. 광복 70년이 지났는데도 자국의 보물 하나 스스로 정하지 못하는 이유는 무엇인가?

들어가는 말

지금은 역사 대전쟁의 시대입니다. 한반도 남북에는 우리 민족 역사상 가장 강력한 국난이 다가오고 있다고 많은 국정의 책임자들과 군사전문가들이 주장하고 있습니다. 앞으로 우리는 어떤 상황에 직면하게 될까요? 그것은 고대사와 근대사, 역사의 두 눈을 제대로 뜰 때 알 수 있습니다.

어제는 오늘을 만든 원동력이고, 과거는 현재를 이루는 밑거름이기 때문에 오늘을 사는 우리는 조상이 살아온 역사의 진실을 제대로 알아야 할 의무가 있습니다. 그러나 현실은 조상의 뿌리 역사를 신화라 하여 부정하고 있습니다.

모든 생명의 근원은 뿌리입니다. 뿌리가 생명의 시작이기 때문에 뿌리를 부정하고는 존재할 수 없습니다. 작은 풀잎 하나라도 뿌리를 떠나서는 한순간도 생명을 보존할 수가 없는 것입니다.

역사를 잃은 민족에게 미래는 없습니다. 역사는 이제 생존 문제가 되었습니다. 그저 공부만 열심히 하고 좋은 대학을 가고 좋은 직장에 다니면 그만이라는 생각으로는 밝고 희망찬 미래를 열 수 없습니다. 이제라도 9천 년을 내려온 우리 역사에 관심을 갖고 올바른 역사를 찾도록 힘써야 합니다. 올바른 역사의식을 바탕으로 할 때 우리는 새 문명을 창조하는 진정한 내일의 주인공이 될 것입니다.

'국보 1호 **남대문**'이 **일제 잔재**라는 것을 아시나요?

우리가 자랑스럽게 생각하는 국보 1호는 남대문南大門입니다. 남대문의 본래 이름은 숭례문崇禮門인데 옛날 한양 도성을 드나들던 4대 문의 하나였습니다. 우리나라에는 세계에 자랑할 만한 많은 문화유산과 유적이 있는데도 왜 도성을 드나들던 대문을 국보 1호로 정했을까요? 그 배경에 다음과 같은 이야기가 숨어 있습니다.

1592년 임진왜란(조일전쟁) 때, 조선을 침략한 왜장 가토 기요마사(가등청정加藤淸正)와 고니시 유키나가(소서행장小西行長)는 조선의 전 국토를 짓밟고 수많은 양민을 학살하였습니다. 왜군이 한양까지 쳐들어왔을 때 가토는 숭례문으로, 고니시는 흥인지문興仁之門으로 들어와서 도성을 파괴하였습니다.

가토 기요마사

그 후 300여 년이 지난 19세기에 이르러 일본은 또다시 한반도를 유린하고, 1910년부터 식민지 조선을 통치하면서 문화재를 파괴하고 강탈하였습니다.

숭례문을 비롯한 도성의 대문도 교통에 방해가 된다고 하여 없애려 하였습니다. 그때 조선에 들어와 있던 당시 일본인 거류민단*장이 '임진왜란 때 가토 기요마사가 숭례문을 통해 한양에 입성하였고 고니시 유키나가는 흥인지문으로 들어왔습니다. 이를 기념하여 숭례문과 흥인지문을 개선문으로 삼아야 한다'고 하며 만류하였습니다. 그래서 조선총독부는 숭례문과 흥인지문을 훼손하지 않고, 단순히 방위

> **거류민단**
> 남의 나라 영토에 머물러 사는 같은 민족끼리 조직한 자치 단체

를 뜻하는 '남대문'과 '동대문'으로 명명하여 '조선 고적 1
호'로 지정했습니다(1934년 8월 27일, 조선총독부 관보에 발표).

이처럼 우리 민족의 역사와 정신을 말살하려는 의도로, 임
진왜란의 전승 기념물이라 하여 남대문과 동대문을 보물 1,
2호로 정했던 것입니다.

그런데 8.15 광복으로 나라를 되찾은 이후에 그 이름을
복원하고 더 가치 있는 문화재를 국보로 지정해야 마땅한
데도, 남대문을 국보 1호로, 동대문을 보물 1호로 지정하여 오
늘에 이르렀습니다. 이것은 역사의식을 바로 세우지 못하고
식민지 유산을 그대로 답습*한 것입니다.

답습
예로부터 해 오던 방식
이나 수법을 좇아 행
함

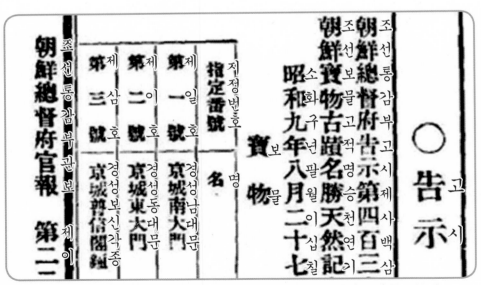

일제시대에 정한 보물 1호 경성 남대문과 보물 2호 경성 동대문(조선총독부 관보)

우리 역사의 왜곡은 국내에서만 일어나는 일이 아닙니다. 해외에서도 왜곡이 심각합니다. 2010년 9월 27일, 캐나다에서 어떤 사람이 국사편찬위원회로 메일 한 통을 보냈습니다.

안녕하세요? 답답해서 질문 드립니다.

저는 캐나다에 사는 재외 국민입니다. 아이들이 셋 있고, 뭐 그냥 남들처럼 삽니다만 얼마 전에 아이들이 와서 저한테 하는 말이 "아빠 우리나라가 중국의 식민지였어요?"라고 하는데 앞이 캄캄하더군요. 사실 저는 역사가 전공은 아닙니다만 역사를 좋아하고 책도 많이 읽었다고 자처하는 사람으로서 어떻게 해야 아이들한테 이해가 가도록 설명을 할지

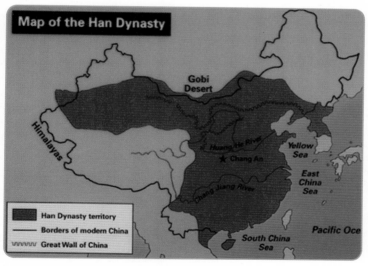

외국 교과서에 실린 잘못된 우리 역사
한반도의 한강 이북 지역이 한나라 영토로 그려져 있고, 한반도에는 나라 이름도 표기되지 않았다.

참으로 난감합니다. 우리나라 역사 속에 나타난 중국과의 관계를 어떻게 설명해야 좋을까요? 민족적 자존심 뭐 이런 것 아니어도 좋습니다. 아이들이 중국 아이들과 같이 어울려서 노는데, 생각나면 한마디씩 하나 봅니다. 전문가적인 입장에서 조언 부탁드립니다. 가능하다면 재외국민에 대한 홍보자료 같은 것 소개해 주시면 감사하겠습니다.

캐나다에서 고민하는 아빠 올림.

해외 청소년들이 배우는 외국 교과서에 고대 한국이 중국의 영토권으로 잘못 표시된 예가 많습니다. 이것을 본 외국의 어린이, 청소년들은 고대 한국은 중국의 식민지인 줄 알 것입니다. 심지어 지금도 중국에게 예속되어 있다고 잘못 서술한 교과서가 있습니다.

그뿐만 아닙니다. 세계인이 가장 많이 찾는다는 런던 영국박물관에서 한류의 인기에 힘입어 한국을 소개하는 한국

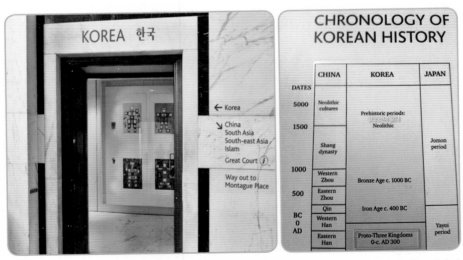

런던 영국박물관(흔히 대영박물관이라 함)에 있는 한국관 연대표 유럽의 유일한 한국관인데 연대표에 고조선이 없다. 식민사학의 영향으로 해외에 잘못 소개되었기 때문이다. 이렇게 잘못된 연대표를 본 세계인들은 한국의 역사를 1,700년에 불과한 것으로 알게 된다.

관을 만들었습니다. 그런데 한·중·일 삼국을 비교한 고대사가 잘못 알려진 그대로 기록되어 있습니다. 중국과 일본은 고대사를 원래대로 표기한 반면, 한국의 고대사는 뿌리 국가인 고조선은 없고 철기시대인 삼국시대부터 시작된 것으로 기록하였습니다. 그래서 영국박물관을 방문한 세계인들은 한국 역사를 사실과 달리 알게 됩니다.

이렇게 잘못 소개되고 있는 우리 역사를 자녀에게 바로 가르치기 위해 캐나다에 사는 재외 국민이 메일을 보낸 것입니다. 그 메일을 보고 국사편찬위원회가 이렇게 답을 보냈습니다.

국사편찬위원회에 관심을 가져 주신 데 대해 감사드립니다. 〈중략〉 사대란 흔히 생각하는 것처럼 비굴한 정책이 아닙니다. 국제 평화와 민족의 안보, 그리고 국민들의 생명과 재산을 보존하기 위한 현명한 외교정책의 일종입니다. 강대국과 약소국은 어차피 평등할 수 없습니다. 강대국이 주도하는 국제정세 하에서 적절히 평화 관계를 유지할 수 있는 길을 찾는 것이 현실 세계의 지혜라고 생각합니다.

국사편찬위원회는 질문에 명확하게 답하지 않고, 조선시대에 사대를 한 것은 현명한 외교였다고 답하였습니다. 해외에 사는 사람이 자녀에게 역사를 바르게 가르치겠다고 올바른 정보를 알려 달라는 글에 도리어 엉뚱한 답변을 보냈습니다.

우리는 중국의 식민지가 된 적이 없습니다. 고대로 올라가면 오히려 중국의 많은 나라가 고조선에 와서 조공*을 바치고 천자인 단군을 알현*하였습니다. 조공朝貢이란 말은 '조선에

조공
종속국이 종주국에 때를 맞추어 예물을 바치던 일 또는 그 예물

알현
지체가 높고 귀한 사람을 찾아가 뵘

공물(貢)을 바친' 데서 나왔습니다.

국사편찬위원회의 문제점은 여기에 그치지 않습니다.

국사편찬위원회는 한국사를 연구하는 기관이자 중고등학교 역사 교과서를 편찬하는 곳입니다. 청소년들의 국가관을 형성하는 데 주요 기반이 되는 역사의식은 국사 교과서를 읽고 배우면서 형성됩니다. 청소년이 배운 우리 역사는 국가와 민족의 미래에 크나큰 영향을 미칩니다. 민족적 자아 정체성은 애국심과 자긍심의 근거가 되고, 나아가 국가 경쟁력의 기반이 됩니다.

고조선은 그 역사가 2천 년이 넘는데도 교과서에 기술된 것은 겨우 1~2페이지밖에 되지 않습니다. 이상하지 않나요? 2천 년이 넘는 역사라면 열 권을 쓰고도 남을 것입니다. 우리나라처럼 왕조가 오래 지속된 예는 지구상에서 찾기 어렵습니다. 고조선 2천 년, 신라 천 년, 고구려 7백 년, 고려와 조선은 각 5백 년이나 됩니다. 그래서 역사서가 수십 권 나올 법도 한데 실제 교과서는 상하 두 권밖에 안 됩니다.

그렇다면 그 많은 역사 내용은 다 어디로 갔을까요?* 왜 우리는 이토록 적은 내용의 역사를 그동안 별 의심 없이 배웠을까요? 그것은 일제가 우리 역사의 진실이 담긴 책 20여만 권을 불태우고 찬란하고 위대한 역사를 철저히 지워 버렸기 때문입니다.

일제가 만든 조선사편수회*가 우리 역사를 축소하고 왜곡하여 『조선사』를 편찬했습니다. 우리는, 일본 사람이 그릇되게 쓴 우리 역사를 광복 후에 답습하여 잘못된 역사를 배우고 있는 것입니다.

『조선사』 내용 분석
(출처 : 『사림史林』)

상고사 8%
고려시대 15%
기타 4%
(범례, 색인, 목록)
조선시대 70%

조선시대에 수거 소멸된 뿌리 역사 기록
유교를 국교로 신봉한 조선은 개국 초에 『춘추』와 『자치통감 강목』만 사필로 여기고, 한민족의 고유 사서를 이단이라 하여 모조리 압수, 소각하였다.

조선사편수회
1925년 조선총독부가 한국사 왜곡과 원활한 식민통치를 위해 설치한 기구로 『조선사』를 편찬, 보급하였다.

올바른 교과서를 편찬하려고 만든 국사편찬위원회가 있고, 한편으로 중국의 '동북공정'에 대응하기 위해 국가에서 특별히 만든 역사 단체가 있습니다. 바로 동북아역사재단입니다.

동북아역사재단은 국민이 낸 세금을 한 해에 200억 원씩 쓰며 동북공정에 대응하여 연구를 하고 있습니다. 그런데 이 재단에서 한 연구가 오히려 중국 동북공정에 동조하고 있다는 것을 들어보셨나요?

중국의 역사왜곡 프로젝트인 동북공정은 무엇이며, 동북공정을 추진하는 이유는 무엇일까요? 동북공정을 추진한 계기는 새로운 유적의 발굴이었습니다.

1970년대 이후, 고대 한민족의 활동 무대이던 만리장성 밖 요령성 일대에서, 세계사를 새로 써야 할 만큼 충격적인 유적이 발굴되었습니다. 지금으로부터 약 5,500년 전 유적들이 원형 그대로 발굴된 것입니다.

당시 왕이면서 제사장이었던 사람의 무덤(총), 신전(묘), 하늘에 제를 올리던 제단(단)이 드러났습니다. 옛 사람들은 하늘의 마음을 원으로 나타내었습니다. 그래서 하늘과 하나가 되는 삶을 살고자 하늘에 제사 지내는 제단을 원형으로 만들었습니다.

왕의 무덤에서는 옥이 대량으로 나왔는

세계 4대 문명	
4대 문명	연 대
이집트	5,000여 년 전
메소포타미아	5,000여 년 전
인더스	4,500여 년 전
황하	4,000여 년 전

데, 그 왕의 몸에 옥 장식이 가득하였습니다. 우리 조상들이 상투를 고정시킬 때 쓰던 옥고도 나왔습니다. 유물들은 단군왕검 이전 시대의 것입니다. 인류 초기에 이미 국가가 형성될 조건이 갖추어졌음을 보여주는 유적의 주인공은 과연 누구일까요?

황하문명보다 훨씬 앞서는 이 왕조 시대를 중국으로서는 알 길이 없습니다. 출토된 옥기와 총묘단 유적은 모두 동방 고조선과 연관된 것입니다. 그러면 고조선 이전에는 어떤 나라가 있었을까요? 배달이라는 나라가 있었습니다. 배달이 있었기에 우리 스스로 배달민족, 배달겨레라 부릅니다. 배달에 대해서는 이 책 2부에서 자세히 살피기로 하겠습니다.

중국에서는 배달에 대한 기록이 전혀 없어서 도대체 어느 시대 유적인지 마땅한 이름을 붙일 수 없었습니다. 그래서 유적지에 거대한 기념관을 짓고 플래카드에 '신비의 왕국'이라 적어 놓았습니다. 이것은 중국의 모든 학자, 전문가도 '여기에 묻혀 있는 역사의 주인공이 누군지 설명할 수가 없다, 우리는 알 수가 없다' 이렇게 고백하는 것이나 마찬가지입니다.

우하량 홍산문명 유적지에 걸린 플래카드 '신비의 왕국'이란 글귀가 선명하다.

이 유적지는 환웅의 배달과 단군의 고조선 시대의 것입니다. 이 지역에 번성했던 옛 문화를 홍산문화紅山文化라 합니다. 중국은 홍산문화가 한민족 문화라는 것을 알게 되었습니다. 그런데 우리나라 강단 사학자들은 이 홍산문화를 우리 조상과는 관계가 없다고 합니다. 일제 식민지 역사관에 동조하는 어리석은 짓을 하는 것입니다. 중국은 홍산문화를 재빨리 자신들의 것으로 만들어 중국을 인류 문명의 뿌리 나라, 종주국으로 만들 전략을 세웠습니다. 그리하여 2001년부터 자국의 시원을 확정짓는 탐원공정探源工程*을 기획하고, 그 일환으로 2002년에 동북공정東北工程을 시작하였습니다.

동북공정이란 중국의 동북지방 즉 요동, 요서, 만주에서 펼쳐진 한민족 고대사를 중국 역사에 편입시키는 역사왜곡 공작입니다. 이 과정에서 고구려와 대진(발해) 역사를 중국 내 소수민족의 역사로 둔갑시키고, 고구려와 대진의 유적을 당나라 유적으로 조작했습니다.

2007년, 동북공정을 마친 중국은 홍산문화를 요하문명이라 부르고, 요하문명론을 내세워 단군조선 역사까지 중국 역사로 만들고 있습니다. 홍산문화는 중국 한족 문화 양식과 분명히 다릅니다. 그럼에도 '현재 중국 땅에서 살고 있는 모든 민족의 역사는 곧 중국 역사'라는 억지 논리를 내세우면서 홍산문화를 중국 문화라고 전 세계에 선전합니다. 최근에는 홍산유적 기념관 안에 중국 고대문명인의 상을 세워 놓았습니다. 홍산문화를 중국의 상고사로 편입하여 홍보하는 것입니다.

이러한 동북공정에 대응하여 우리 역사를 찾고 지키는 데 힘써야 할 단체가 바로 동북아역사재단입니다. 그런데 동북아역사재단은 어떤 행보를 하고 있을까요?

탐원공정
하·상·주 단대공정→중화문명탐원공정→동북공정으로 이어지는 일련의 역사 관련 공정으로 중국의 역사를 만 년으로 끌어올리려는 계획이다. 우리 민족의 역사 터전인 요하 지역에서 발굴된 홍산문화가 황하문명보다 훨씬 앞선 데에 다급해진 중국은 요하지역의 문명을 중국 문명으로 왜곡시키는 것이다. 그리하여 고구려 이전의 모든 역사는 뿌리가 잘리게 되었다. 뿐만 아니라 중국은 아즈텍 문명과 마야 문명까지 상나라의 후예라는 논리를 개발하고 있다. 중국의 '중화민족주의'가 전 세계 역사를 왜곡하는 데까지 나아가고 있다.

17명의 교사가 만든 경기도 교육청 교육 자료를 부정한 동북아역사재단

구분	경기도 교육청 자료	동북아역사재단 지적
28쪽 단군신화	* 역사적 사실	* 역사적 사실이 아니라 신화
87쪽 간도	* 간도협약이 무효화되면 영토 수복 가능	* 간도협약 이전에 우리 영토 편입 사실 없음
27쪽 고인돌	* 고조선 고유 묘제	* 중국 동부에서도 발견
88쪽 백두산 정계비	* 국제법상 유효한 국경조약 * 조선과 청나라 구두 합의로 1792년 세움	* 국제법적 인식 등장 전이라 적용 어려움 * 구두 합의 없었고 1712년에 세움
24쪽 홍산문화	* 서기전 3500년에 시작	* 서기전 5000~3000년까지
55쪽 대조영	* 고구려 왕이라 부름	* 진국 왕이라 부름
82쪽 만주봉금정책	* 조선이 1883년 해제	* 청나라가 해제
23쪽 기자 활동시대	* 기원전 1100년경 인물	* 기원전 11세기 후반 인물

경기도 교사 17명이 만든 역사자료집, 『동북아 평화를 꿈꾸다』 '고조선은 역사적 사실'임을 밝혔다.

범주
동일한 성질을 가진 부류나 범위

2012년 6월, 경기도 교육청이 교육 자료로 『동북아 평화를 꿈꾸다』라는 책자를 발간하였습니다. 역사 교사 17명이 초중고등학교 학생들을 위한 역사자료집을 만들어 '단군은 역사적 사실'이라고 밝혔습니다. 그러나 동북아역사재단은 교육과학부(지금의 교육부)와 외교통상부에 공문을 보내어 이것을 수정하도록 압력을 넣었습니다. '고조선 개국 신화는 여전히 신화적 범주*에 속하며 역사적 사실이 아니다'라고 하면서 단군조선 역사를 부정한 것입니다.

동북아역사재단이 행한 또 하나의 역사왜곡이 있습니다.

동북아역사재단은 2007년부터 하버드 대학교 한국학 연구소에 무려 10억 원의 거금을 우리나라 국고로 지원해서 『The Han Commanderies in Early Korean History』(한국 고대사 속 한사군)라는 이름의 한국 상고사 책 6권을 영문으로 간행하게 했습니다.

그 내용은 만주 서쪽에 있었던 한사군을 식민사학과 마찬가지로 한강 북부에 있었다고 주장한 것입니다. 책이 발간되자 한국 해외공관에도 배포하였습니다. 외국 학생들을 가르치기 위한 것입니다. 이것은 일제가 조작한 역사의 핵심을 대한민국 정부 기관이 앞장서서 세계에 퍼뜨리는 행위입니다.

뿐만 아니라 최근에는 전 국민을 우롱한 더 놀라운 일이 있었습니다.

2015년 4월 17일 국회에서 '동북아 역사왜곡 대책 특별위원회'(동북아특위)가 열렸습니다. 동북아역사재단이 발표한 '동북아역사지도'에 대한 문제점을 지적하는 자리였습니다. 2008년부터 2015년까지 총 47억 2160만 원을 들여서 만든 동북아역사지도에다가 후한 말 위·촉·오 삼국시대 때 경기도 일대까지 점령했다고 하여 강역*을 그렇게 그렸습니다.

유비·손권과 싸우기 바빴던 조조가 우리나라 경기도까지 지배한 것으로 돼 있는 이유는 무엇일까요? 그것은 동북공정의 관점이 고스란히 담긴 담기양譚其驤의 '중국역사지도집'을 편찬위원들이 그대로 베꼈기 때문이라고 한가람역사문화연구소 이덕일 소장이 지적하였습니다.

더욱이 동북아역사지도는 4~6세기경 일본이 한반도 남부를 지배했다는 임나일본부설을 뒷받침할 뿐 아니라 독도 표기도 생략했습니다.

지도에 4세기 초기 백제와 신라가 나오지 않은 이유는, 식민사학의 주장 중 하나인 『삼국사기』 초기 기록 불신론*을 따랐기 때문입니다. 서기 300년경에 백제와 신라가 없어야 한반도 남부를 일본이 점령하여 다스릴 수 있었다는 것입니다.

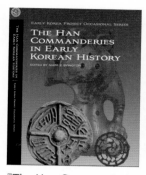

『The Han Commanderies in Early Korean History』
한국 고대사의 한사군(2013)
미국과 한국 학자가 쓴 10편의 영어 논문을 실어 '2,100년 전 한국인은 한나라의 식민지 백성이었고, 한사군은 한강 북쪽에 있었다'고 하였다.
일본이 조작한 역사를 그대로 되새김질하는 한국 강단사학계의 고질적 병폐를 보여준다.

강역
나라와 나라의 영역을 가르는 경계

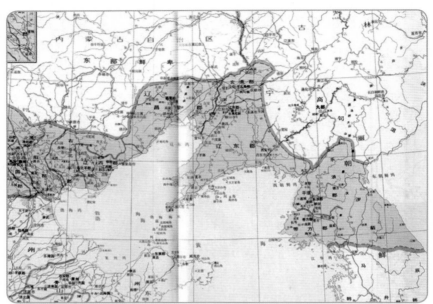

중국 동북공정을 주장하는 담기양의 '중국역사지도집' 조조의 아들이 세운 위魏나라가 경기도까지 점령한 것으로 표기했다. 자료=도서출판 만권당 제공

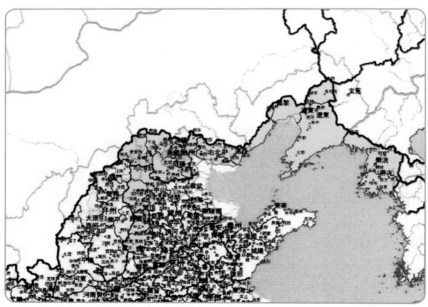

교육부 산하 동북아역사재단에서 세금 47억여 원을 들여 만든 동북아역사지도 '위촉오 220년~265년'. 담기양의 '중국역사지도집'을 표절하여 위나라가 경기도까지 차지한 것으로 그렸다. 자료=도서출판 만권당 제공

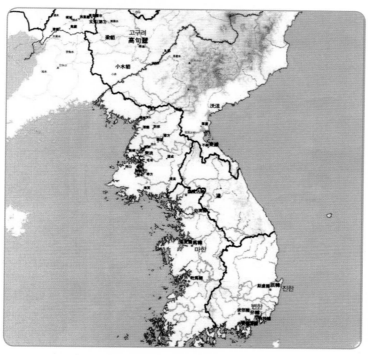

교육부 산하 동북아역사재단에서 세금 47억여 원을 들여 만든 동북아역사지도 '고구려의 성장 120~300년' 서기 300년에도 백제와 신라가 없었고 마한·진한·변한이 있었다는 지도이다. 일본인 식민사학자들의 '삼국사기 초기 기록 불신론'에 따라 백제와 신라를 지운 것이다. 자료=도서출판 만권당 제공

일본 식민사학자 쓰다 소키치는 임나(가야)를 김해 일대라 주장하였는데 식민사관에 뿌리를 둔 오늘날 일부 한국 학자들은 오히려 왜곡을 더하고 있습니다. 전라남도 전부, 충청북도, 충청남도 그리고 경상남북도 반 이상을 집어넣고 '임나*'로 표시한 것입니다.

동북아역사지도에 대해 논란이 일자 지도를 만든 우리 학자들은 '실수였다, 수정 중이다'라고 변명하다가 결국 지도 편찬을 중단하기로 하였습니다.

이처럼 역사를 찾으려고 만든 동북아역사재단이 오히려 역사왜곡에 동조한 것은 식민사학의 영향 때문입니다. 지금까지도 우리 역사학계에는 식민사학의 영향을 받은 역사학자가 다수 있습니다. 그 뿌리는 이병도라는 학자입니다.

광복 후에 식민사학자 이병도는 역사학계의 최고 실세로

『삼국사기』 초기 기록 불신론
『삼국사기』는 고려 인종 때 앞 왕조 시대를 정리할 필요에 따라 편찬한 역사서이다. 일제 관변학자 쓰다 쏘키치는 『일본서기』에 나오는 임나일본부가 『삼국사기』에는 없으므로 『삼국사기』 상대(초기) 기록은 믿을 수 없다고 주장했다. 그러나 임나일본부는 존재하지 않았다. 『삼국사기』의 기록을 날조된 것으로 폄하하고 우리 고대사를 부정한, 일제가 심어놓은 이 낭설을 한국 주류사학계가 받아들였기 때문에 지금도 삼국시대 초기의 왕들을 학교에서 가르치지 않고 있다.

임나일본부설
일본의 야마토 왜[大和倭]가 4세기 후반에 한반도 남부 지역에 진출하여 백제·신라·가야를 지배하였는데, 특히 가야에는 6세기 중엽까지 일본부日本府라는 기관을 두었다는 일본 학자들의 주장이다.

자리 잡았고 그 아래로 많은 사학자가 나왔습니다. 그리고 그런 학자들에게 가르침을 받은 역사 교사들이 전국의 학교에서 잘못된 국사를 가르쳤습니다. 그래서 우리 역사는 여전히 식민사학에 물들어 있습니다. 역사를 배우는 청소년들만 피해자가 아니라 역사 선생님들도 피해자입니다.

광복된 지 70년이 지나도록 이렇게 왜곡된 역사를 사실인 줄 알고 배운 국민들은 고조선과 그 이전의 역사를 신화로 인식하고, 나라를 세운 시조를 잃어버렸습니다. 그리하여 한민족이 인류 뿌리 역사의 주인공임에도 우리는 긍지와 자부심을 느끼지 못하고 있습니다.

단재 신채호(1880~1936) 선생

이병도, 단군을 인정하다

이병도는 세상을 떠나기 전에 오랜 친구인 최태영 박사의 집념어린 설득으로 최태영 박사와 함께 환국과 신시, 단군조선을 인정하는 『한국 상고사 입문』을 펴냈습니다. 다음은 이 사실에 대해 최 박사가 한 말입니다.

나는 해방 이후 그 사관(식민사관)을 가지고 국내 강단파의 거두가 된 이병도 교수를 돌려세우지 않으면 안 된다고 생각했다. … 해방 되고 한참이 지난 뒤, 한국사가 한국사 왜곡의 핵심 인물이던 이마니시 류가 조종한 대로 흘러가고 있다는 것을 알았다. 처음에는 이병도가 우리 역사를 바로 찾아 잘해 주려니 믿어마지 않았는데, 한번 일본인들에게 설득당한 사람은 아주 모르는 사람보다 더 힘들다. … 3년에 걸쳐 공들인 토의 끝에 마침내 이병도를 설득하였다.
"당신이 죽고 나면, 일본의 식민사관을 전파시킨 국사학자라는 평판을 교정해 줄 사람은 아무도 없다. 그러니, 변화된 진정한 사관을 용감하게 발표하는 것이 이완용의 반열에서 빠져 나오는 길이다."
그가 나의 이론을 받아들였다.
"이제 발표하자."
"내가 글을 내겠다면 기자들이 욕하지 않을까?"
"아니다. 무조건 발표하는 것이 당신이 사는 길이다."
『한국 상고사 입문』은 이병도 박사가 사관을 바꿔, 국사학의 방향을 전환한 뒤 내 이론이 옳다고 인정한 것이다. 만년의 그는 이마니시 류에게 속아 어리석은 역사를 했음을 인정하고 이를 교정할 기회 마련에 적극적이었다. (최태영, 『인간 단군을 찾아서』)

이병도는 1986년 10월 9일자 조선일보에 국조 단군은 실존하였고 자신이 고대사를 왜곡하였다고 양심고백을 하였습니다. 이병도의 양심고백을 들은 제자들은 어떻게 생각했을까요?

'이제껏 식민사관으로 왜곡된 역사를 주장하고 가르쳤다'는 스승의 말에 제자들은 이렇게 반응하였습니다.

"늙더니 노망이 들었나? 뭔 헛소리야!"

역사를 왜곡한 역사학계의 큰 스승이 역사를 바로잡으려고 양심선언을 했을 때, 제자들이 그 말을 믿고 따랐다면 지금의 한국사는 달라졌을 것입니다.

일제의 한민족 뿌리 역사 말살 만행을 폭로한 보도 자료(1986년 10월 9일자 조선일보)

춘천 중도에서 발견된 고조선 유적

2014년 7월 우리나라에서 아주 반가운 유적지 발굴 소식
이 있었습니다. 춘천 의암호에 있는 인공 섬 중도에서 한반
도 최대 규모의 고조선 유적이 나온 것입니다.

이 유적은 국내 최대의 청동기 유적으로서 고조선의 실체와
높은 문화 수준을 증명할 수 있는 세계적인 유적지로 평가되
었습니다. 단 9개월 만에 고인돌 101기, 집터 917기, 수혈
355기, 비파형 청동검, 청동 도끼, 토기, 석기 등 1,400여 점
이 쏟아져 나왔습니다. 섬 전체가 고조선 유적입니다. 너무
놀라운 발굴이라 체계적으로 조사하기 위해서 원형을 보전
해야 한다는 목소리에 힘이 실렸습니다.

그러나 문화재청은 두 달 후 이곳에 레고랜드 건설을 조
건부로 승인하였습니다. 레고 장난감을 갖고 놀게 할 놀이
동산을 만들겠다는 것입니다. 고조선의 역사를 지키고 보존
해야 할 장소에 장난감 놀이동산을 짓겠다는 것은 이해하
기 어렵습니다.

국사편찬위원회나 동북아역사재단에 속한 역사학자들 중
어느 누구도 이 문제에 적극 대응하지 않았습니다. 그러나
뜻있는 우리나라 몇몇 재야사학자와 역사학자는 입을 모아
이 유물이 한반도 고대사를 새로 써야 할 정도의 가치를 지녔
다고 말했습니다.

레고렌드가 들어설 중도 전경
사진:중앙포토

잡석으로 분류되어 검은 비닐
에 싸인 중도 고조선 유물

열을 맞춰 만든 고인돌 무덤
제공:한강문화재연구원

교과서에 없는 고조선 유적지

그런데 문화재청은 유물의 이전을 결정하고도 보존 조치를 하지 않아서 심하게 훼손되고 있습니다.

문화재청에서는 왜 이런 결정을 내렸을까요? 문화재청 발굴제도과장은 "현실적으로 중도 유적지 위에 레고랜드를 건설하는 것은 공익과 사익에 더 큰 도움이 된다."고 말했습니다. 또 "역사서에 없는 과거에 너무 집착해서는 안 된다."는 말도 덧붙였습니다.

이 지역은 고조선의 영역이 아니어서 고조선의 유물로 볼 수 없다는 것입니다. 이것도 일제가 남긴 식민사학의 영향 때문입니다. 현재 우리나라 역사학계에서 주장하는 고조선의 세력 범위를 보면 중고등학교 국사 교과서에서 보듯이 춘천 지역은 고조선의 영역에 포함되어 있지 않습니다. 역사 교과서에 표시된 고조선 강역에는 한반도 북부 지역은 포함되지만 남부 지역은 제외되어 있습니다.

그런데 고조선의 지표 유적인 고인돌은 전라남도에 만여 기, 대동강 유역에 만 4천여 기, 강화도에 100여 기가 있습니다. 이런 유물 분포에서 알 수 있듯이 고조선은 한반도 전체를 포함합니다. 중도 유적은 고조선이 실존하였고 그 영역이 한반도 남부를 포함한다는 것을 확인시켜 줍니다.

이처럼 중도 유적은 일제가 축소한 고조선의 역사와 강역을 다시 찾을 증거인데도 역사학계와 문화재청이 외면하고 있습니다.

2010년도에는 신라의 왕궁이 있었던 경주 월성 유적지 발굴 사업이 큰 뉴스가 되었습니다. 건물 터와 담장의 흔적, 통일신라시대의 토기와 기와가 출토되자 문화재청과 고고학계는 '단군 이래 최대의 발굴 사업'이라 하였습니다. 그리하여 그동안 주요 국가 사적을 조사하던 전문 인력 100여 명을 투입하여 대대적인 발굴 작업을 진행하고 있습니다. 그 규모가 영국 스톤헨지보다 크고 세계적으로도 가치가 높다는 중도 고조선 유적지와 경주에 있는 신라 왕궁 유적지를 놓고 볼 때 과연 어느 것이 단군 이래 최대의 발굴일까요?

다른 나라는, 없는 역사도 있다고 우기며 조작하는데 우리나라는 있는 역사도 없다고 우기는 일이 벌어지고 있습니다.

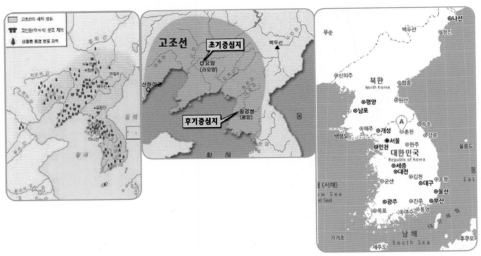

(왼쪽, 가운데) 중고등학교 국사교과서에 실린 고조선 세력 범위와 고조선 영역
(오른쪽) 현 교과서에 고조선 영역에 포함되지 않은 춘천 중도(A지점)

일제가 남긴 식민사학은 이처럼 참으로 그 뿌리가 깊이 박혀서 지금도 위세를 떨치고 있습니다. 일제는 과연 어떻게 우리 역사를 뿌리째 말살하고 뽑아 버렸기에 우리는 아직도 식민사학의 손길에서 벗어나지 못할까요? 일제가 왜곡한 우리 역사의 진실은 바로 우리 역사책 속에 있었습니다.

조선일보는 1986년 8월 15일부터 말까지 11회에 걸쳐서 광복 41주년 특별기획 「국사교과서 새로 써야 한다」를 연재했다.

일제가 한민족 역사의 진실이 담긴 책 20만 권을 불태웠지만, 그때 태우지 않고 남겨둔 책이 있습니다. 대한민국 역사학계에서 정통 역사서로 인정하는 『삼국사기』와 『삼국유사』입니다. 왜 일제는 『삼국사기』와 『삼국유사』를 불태우지 않았을까요?

이 두 권 사서는 일제 식민사학자들이 우리나라 역사를 왜곡하는 데 활용 가치가 컸기 때문입니다.

1) 사대주의에 빠진 『삼국사기』

『삼국사기』는 1145년(고려 인종 23년)에 김부식金富軾이 왕의 명을 받아 편찬한 책으로 삼국(고구려, 백제, 신라) 시대를 기록한 이른바 '정사正史*'로 인정받는 책입니다.

하지만 유학자 김부식은 중국을 큰 나라로 섬기는 중화사대주의의 잣대로 역사를 기술하여 중국보다 위대한 우리 역사를 축소시켜 버렸습니다. 한국사의 정통을 신라가 이은 것으로 만들기 위해 고구려를 계승한 대진(발해)을 한민족사에서 제외시켜 한 줄도 기록하지 않았습니다.

오직 신라, 고구려, 백제 등의 역사만 기록하고 그 이전 환국, 배달, 조선과 부여 등 상고사는 한마디도 언급하지 않았습니다. 결국 『삼국사기』는 뿌리가 잘린 토막 난 역사를 기록하고 말았습니다.

2) 불교적 관점에서 쓰인 『삼국유사』

『삼국유사』는 1281년(고려 충렬왕 7년)경에 일연一然 스님이 편찬했습니다. 일연은 불교적 관점에서 우리 역사를 서술하였습니다.

그런데 일본이 우리 역사를 왜곡하는 데 악용한 가장 심

정사正史
정통적인 역사 체계에 따라 서술된 역사나 그 기록

각하고도 결정적인 부분이 『삼국유사』에 있습니다.

　『삼국유사』에는 '昔有桓国(석유환국)'이라는 말이 나옵니다. '옛적에 환국이 있었다'는 뜻으로 이미 '환국'이라는 나라가 있었다는 『고기古記』의 기록을 인용한 것입니다. 그런데 일연은 '석유환국'이라는 구절 밑에 굳이 '위제석야謂帝釋也' 즉 '환국은 제석을 말한다'라는 주석*을 달았습니다.

주석
낱말이나 문장의 뜻을 쉽게 풀이함. 또는 그런 글

　그 뜻은 '환국은 불교 신화에 나오는 제석신의 나라를 말한다'는 것입니다. 어이없게도 인류 최초의 나라 환국을 제석신의 나라로 풀이한 것입니다. 주석대로 본다면 실존했던 환국이 신화로 해석됩니다. 그래서 환국을 계승한 배달과 조선도 모두 신화가 되어 버립니다.

　이것은 일제가 한민족 시원 역사를 말살하는 중대한 빌미가 되었습니다. 동경제국대학 대학원에서 한국사를 전공하고 조선에 와서 한민족 뿌리 역사 말살에 앞장선 인물이 있습니다. 바로 〈조선사편수회〉* 3인방 중 한 사람인 이마니시 류今西龍(1875~1932)입니다.

*일제는 한국사 왜곡과 민족의식 말살이라는 정치적 목적을 달성하기 위해 1916년 조선반도사 편찬위원회, 1922년 조선사 편찬위원회에 이어 1925년 조선사편수회를 만들었다.

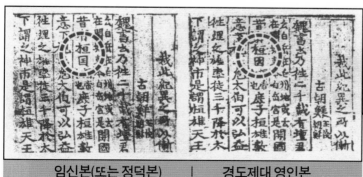

| 임신본(또는 정덕본) | 경도제대 영인본 |

이마니시 류今西龍
(1875~1932)

『삼국유사』 판본 비교 1926년 일본 경도제대 후지후지 도라 교수와 이마니시 류 조교가 공모하여 『삼국유사』 정덕본을 극비리에 날조하고 영인하였다. 그들은 이 사실을 감추기 위해 관계 요로에 '경도제대 영인본'이라는 이름으로 대량 배부하였다.

*국国 :나라 국國 자의
간체자. 國 = 国 = 囯 =
囶으로 쓰였다.

그는 1926년에, '석유환국昔有桓国'의 '국国*' 자의 가운데
를 덧칠해서 '인囙' 자로 조작하였습니다. "옛적에 환국이 있
었다(석유환국昔有桓国)."를 "옛적에 환인이 있었다(석유환인昔有桓
囙)."로 바꿔 버린 것입니다. 일제는 이렇게 조작한 『삼국유사』
를 발간, 배포하였습니다.

이 한 글자를 조작함으로써 환국-배달-조선으로 계승된 국
가 성립사를 환인-환웅-단군 3대로 이어지는 인물사로 왜곡했
습니다.

우리 뿌리 역사의 진실을 오바마 대통령에게 소개한 이홍범 박사

이렇게 왜곡된 한국 역사의 실상을 최근 새로운 시각으로 전 세계에 알린 사람이 있습니다. 바로 미국 오바마 정부의 명예장관이며 미국정경협회 총재이자 헌팅턴 커리어 대학 학장이었던 이홍범(1942~2017) 박사입니다.

이홍범 박사는 2007년 미국에서 『Asian Millenarianism 아시아 이상주의』라는 책을 펴냈습니다. 이 책은 그동안 왜곡되고 가려졌던 동북아 문화 역사의 실상을 밝혀 큰 반향*을 불러 일으켰습니다.

이 박사는 일찍이 동학東學을 연구하다가 그 뿌리를 캐면서 한국 고대사로 눈을 돌리게 되었습니다.

> 반향
> 어떤 사건이나 발표 따위가 세상에 영향을 미치어 일어나는 반응

> 한국에 관한 대부분의 역사 저술도 식민지 정부에 고용된 학자들 연구의 부산물이다. 식민지 정부는 전통적 사회 정치 제도를 파괴하고 그들의 제도를 강요했을 뿐만 아니라 역사와 정신도 파괴했다.1)

이 박사는 한국의 사학자들이 식민지 유산의 덫에 걸려 빠져나오지 못하는 상황을 통탄하면서, 역사의 진실을 찾기 위해서 식민주의 유산을 극복해야 한다2)고 역설*하였습니다.

> 역설
> 자기의 뜻을 힘주어 말함. 또는 그런 말

---

1) 『Asian Millenarianism』, 12쪽
2) 『Asian Millenarianism』, 19쪽

한국사를 짓누른 식민지 유산을 청산하는 데 온 힘을 쏟은 이 박사는 한국의 문화 역사가 중화 문명에서 전개된 것이 아니라는 것을 전 세계에 분명히 알렸습니다.

이 박사는 저서에서 "한국인이 고대에 중국과 아시아, 그리고 러시아의 일부 지방을 통치하였다. 또 고대 한국인은 중국을 세우고 중국 영토를 대부분 지배한 한편, 일본에도 진출하여 일본 왕실을 포함한 지배층을 형성하였다."[3]라고 하였습니다. 한국인은 단순히 문화 전수자가 아니라 중국과 일본을 직접 통치했다는 것입니다.

한국과 일본의 문화와 역사가 황하문명에서 유래한 것으로 잘못 알고 있던 오바마 대통령도 이 책을 읽고 큰 감동과 충격을 받았다고 합니다. 그리하여 동북아 고대사의 진실에 눈을 뜨고 한국과 중국을 보는 관점을 바로 세울 수 있었다고 합니다. '한국인은 미개하여 고대에는 중국의 식민지였고 근대에는 일본의 식민지였다'는 잘못된 인식을 바꾼 것입니다.

하지만 정작 한국 역사학계는 아직도 식민지 유산을 극복하지 못한 상태입니다. 일례로 이홍범 박사는 하버드 대학

오바마 전 미국 대통령은 이홍범 박사의 책을 읽고 큰 감명을 받았고 한국과 중국을 바라보는 생각을 바로잡았다고 한다. 이후 이 박사를 명예 장관에 임명하였다. 오른쪽은 이 박사의 저서인 『Asian Millenarianism아시아 이상주의』

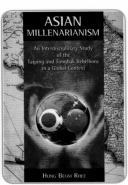

3) 『Asian Millenarianism』, 13, 28쪽

교에서 번역 출판한 이기백李基白의 책에서 '동이東夷'를 '동방 오랑캐(eastern barbarian)'로 번역한 것에 대하여 일본 식민사학자들이 식민지 시대에 서술한 내용을 재탕한, 식민지 유산의 결과4)라 평가하였습니다.

우리는 주권을 회복한 지 70년이 지났지만 아직도 식민사학을 청산하지 못하였기 때문에 진정한 역사 광복을 이루지 못하고 있습니다. 이러한 현실에 대해 한국인 대다수는 아직도 심각성을 인식하지 못한 채 살아가고 있습니다.

"총칼보다 무서운 것이 바로 역사정신입니다. 총칼은 수십 년, 수백 년을 유지할지 모르지만 이 정신 권력, 역사 권력은 수백 년, 수천 년을 지배할 수 있습니다. 역사 권력이 있어야 역사정신을 만들 수 있습니다."라는 이홍범 박사의 말을 되새겨 보아야 할 것입니다.

우리 민족은 세계 여러 나라를 통치한 강대국이었습니다. 강한 역사정신을 가졌던 민족의 위대한 뿌리 역사는 어떠했을까요? 한민족의 가슴 뛰는 참 역사 이야기로 함께 들어가 보겠습니다.

---

4) 『Asian Millenarianism』, 20쪽

Chapter *2*

『환단고기』로
되찾는
국통 맥

홍산 유적
요령성 조양시 우하량의
총塚(무덤)·묘廟(신전)·단壇(제단) 유적

조양시는 옛 배달 신시와 단군조선의 강역으로 황하 중심 중국문화권과는 거리가 멀다.

이곳에서 황하문명보다 1500~2000년 이상 앞선 홍산문화(요하문명 또는 발해연안문명) 유적이 발굴되었다. 이미 초기국가의 형태를 갖추었음을 알려 주는 홍산문화는 인류 4대 문명보다 앞선 인류 창세문명이자 제5의 문명이라 일컬어진다.

들어가는 말

탄압
권력이나 무력 따위로
억지로 눌러 꼼짝 못
하게 함

말살
사물을 뭉개어 아주 없
애 버림

선열
나라를 위하여 싸우다
가 죽은 열사烈士

일제의 탄압*과 역사 말살*로 우리는 역사의 뿌리와 정신을 잊어버렸습니다. 그래서 우리 민족이 어디서 출발했는지, 우리 역사가 얼마나 위대한지 모르는 그야말로 혼 빠진 민족이 되었습니다. 우리의 참 역사와 정신을 어디에서 찾을 수 있을까요?

다행히 철저한 탄압 속에서도 목숨을 바치며 역사를 지킨 훌륭한 분들이 계셨습니다. 그런 선열*의 희생으로 뿌리 역사의 진실을 담은 역사서가 전합니다. 그 책이 바로 『환단고기桓檀古記』입니다. 『환단고기』는 한민족의 잃어버린 9천 년 역사의 진실과 천지광명 정신(신교문화)을 고스란히 담고 있습니다.

『환단고기』는 일제에게 나라를 빼앗긴 이듬해인 1911년에 독립운동가 운초雲樵 계연수桂延壽 선생이 고유한 역사서

한민족과 인류의 창세
역사와 뿌리 문화를 온
전히 밝힌 『환단고기』

운초 계연수(1864~1920)

42 대한 사람 대한으로

다섯 권을 묶어서 펴낸 책입니다. 각 권은 당대의 최고 엘리트인 종교인, 학자, 문장가가 썼습니다.

그 다섯 권은 신라의 고승 안함로安含老가 지은 『삼성기三聖紀』전全 상편과, 고려시대 원동중元董仲이 지은 『삼성기』전 하편, 고려 공민왕 때 수문하시중*을 지낸 이암李嵒이 쓴 『단군세기檀君世紀』, 이암의 동지이자 고려 말 충신인 범장范樟이 쓴 『북부여기北夫餘紀』, 조선시대 찬수관*을 지낸 이맥李陌이 쓴 『태백일사太白逸史』입니다. 『환단고기』는 신라에서 조선에 이르기까지 무려 1,400년에 걸쳐 이루어진 한민족의 위대한 문화유산이요 역사 경전입니다.

이 『환단고기』를 펴내는 데 두 분의 독립군 대장이 큰 도움을 주었습니다. 대한독립군 총사령관 홍범도洪範圖 장군과 광복군 총영장 오동진吳東振 장군입니다. 두 장군이 자금을 지원하여 우리 역사의 참 모습을 알 수 있는 『환단고기』가 세상에 나오게 되었습니다.

『환단고기』를 편찬하여 역사 회복 운동에 힘쓰시던 계연수 선생은 일제가 검거하려는 1순위 대상자였습니다. 결국 1920년 57세 때, 독립군으로 위장한 비밀정보원의 밀고*로

여천 홍범도(1868~1943)   송암 오동진(1889~1944)

계연수 선생은 일본 헌병에게 체포되었습니다. 일제는 선생의 사지를 잘라 압록강에 버리고 소장하던 서적 3,000여 권도 모두 불태워 버렸습니다.

압록강에 버려진 선생의 시신이 수습될 때, 현장에서 눈물을 흘리며 지켜보던 14세의 소년이 있었습니다. 바로 『환단고기』를 세상에 널리 알린 계연수 선생의 어린 제자 한암당寒闇堂 이유립李裕岦 선생입니다. 계연수 선생이 돌아가신 이후 이유립 선생은 독립운동을 계속하며 『환단고기』를 굳게 지켰습니다. 드디어 1945년 8월 15일, 꿈에도 그리던 조국 광복이 이루어지자 선생은 남쪽으로 내려와 대전 은행동의 낡고 좁은 방에 거주하며 후학*에게 역사를 가르쳤습니다.

후학
학문에서의 후배

이유립 선생은 한평생 민족혼을 지키기 위해 추위와 굶주림과 싸우며 역사를 가르쳤습니다. 대전에서 지내실 때, 한 번은 식량이 떨어져 일주일을 꼬박 굶기도 했습니다. 이런 희생과 노력에도 『환단고기』의 참 역사는 인정받지 못했습니다. 광복 이후에도 역사학계에 식민사학이 여전히 자리 잡고 있었기 때문입니다. 식민사학자들은 일제가 심어 놓은 왜곡된 역사를 그대로 가르쳤습니다. 그리고 『환단고기』를 자기들 주장과 안 맞다는 이유로 연구도 제대로 안 하고 '현대에 만든 가짜 책'이라는 말로 국민을 속이고 있습니다.

우리는 제대로 된 독립운동사를 배우지 못했고 독립운동사에서도 중요한 위치를 차지하는 『환단고기』가 있는 줄도 몰랐습니다. 9천 년 한민족사의 진실이 담긴 『환단고기』를 지키기 위해 희생하신 선열의 은혜에 보답하기 위해서 이제라도 『환단고기』를 바르게 알아야 합니다.

한암당 이유립(1907~1986)

『환단고기』에는 어떤 역사가 들어 있을까요? 왜 『환단고기』의 내용을 알아야 할까요?

우리 선조들은 어떻게 어떤 생각을 하며 살았을까요?

그 시대에 어떤 문화가 있었고 역사를 이어온 정신은 무엇인지 아는 것은, 역사적 사건이나 인물, 유물을 배우는 것보다 중요합니다. 역사를 이어온 정신을 알아야 대한민국을 있게 한 진정한 힘이 무엇이며, 우리가 왜 자랑스러운 대한 사람인지 알 수 있기 때문입니다.

9천 년을 이어온 한민족의 위대한 역사와 정신을 배울 수 있는 책 『환단고기』! 지금부터 그 놀라운 한민족 뿌리 역사의 진실을 알아보겠습니다.

인류 최초의 나라, **환국**桓國

吾桓建國이 最古라!

『환단고기』는 이런 선언으로 시작합니다. 이 문장에는 우리가 누구인지, 우리 민족사가 어디에서 시작하는지 분명히 밝혀 줍니다. 우리는 스스로 환족桓族이라 불렀습니다. 그리고 '우리 환족이 나라를 세운 것이 인류 역사상 가장 오래다'라고 선언합니다.

환족은 서기전 7200년경에 중앙아시아 천산天山(일명 파내류 산)을 중심으로 인류의 첫 나라인 환국을 세웠습니다. 그 영역은 남북이 5만 리, 동서가 2만여 리로 중앙아시아에서 시베리아, 만주에 이를 만큼 광대했습니다. 환족은 모두 아홉 족속[구환九桓]이고, 이 구환족이 열두 나라*를 이루었습니다.

그러면 '환桓'의 의미는 무엇일까요?

환桓은 '밝을 환桓' 자로 '하늘에서 내려오는 환하게 빛나는 광명'을 상징합니다. 당시 사람들은 하늘의 광명과 하나가 된 자신을 '환'이라 불렀습니다. 그리고 천지광명의 심법을 전수 받은 모든 환의 존재를 다스리는 사람을 '인仁'이라 하였습니다. 그래서 환국의 통치자를 환인桓仁이라 불렀습니

환국의 12분국

비리국卑離國
양운국養雲國
구막한국寇莫汗國
구다천국勾茶川國
일군국一羣國
우루국虞婁國
객현한국客賢汗國
구모액국勾牟額國
매구여국賣勾餘國
사납아국斯納阿國
선패국鮮稗國
수밀이국須密爾國

환 환 환 환   환인仁(어질 인)
어진 마음으로 다스리니

다. 환인은 사람을 구제하고 세상을 다스릴 때 반드시 어진 마음으로 행하였습니다. (『태백일사』 「환국본기」)

환국의 초대 통치자는 안파견安巴堅 환인천제였습니다. 안파견 환인 이후 환국은 7세 지위리智爲利 환인천제까지 계승되어 총 3,301년(서기전 7197~서기전 3897) 동안 존속하였습니다.

환인천제 한 분당 평균 470여 년을 다스린 셈이니 장수를 누린 세상이었습니다. 그때는 어떻게 오래 살 수 있었을까요?

한의학의 고전인 『황제내경黃帝內經*』의 「상고천진론上古天眞論」에서 황제가 신하 기백과 이렇게 문답했습니다.

> "내가 듣기로 태곳적 사람들은 연령이 100세에 이르러도 동작이 쇠하지 않았다고 하는데, 요즘 사람들은 50세만 되어도 동작이 쇠하니 세상이 달라진 것인가 아니면 사람들이 굳건함을 잃어서 달라진 것인가?"
> "태곳적 사람들은 도道를 알아 음양의 법칙에 따른 양생술*에 거스르지 않고 음식에 절제함이 있고, 늘 규칙적인 생활을 하여 망령되이* 피곤함을 만들지 않았으므로 형形[신체]과 신神[정신]이 하나를 이루어 하늘이 내려준 수명을 다할 때까지, 100세를 살다가게 된 것이옵니다."

인류 태고* 시절은 순수한 영성*으로 대자연과 소통하며 살던 조화문명 시대였습니다.

원시 샤머니즘*을 연구한 독일의 석학 칼 바이트H. Kaiweit 는 『샤먼·치유자·의자醫者 Shamans, Healers and Medicine Men』에서 인류 최초의 황금시대를 이렇게 소개했습니다.

황제내경
가장 오래된 중국 의학서. 황제가, 신하이며 천하 명의인 기백岐伯과 의술에 관해 토론한 것을 기록했다.

양생술
호흡을 조절하고 기를 단련하여 건강하고 장수하는 수련법

망령되이
늙거나 정신이 흐려서 말이나 행동이 정상을 벗어난 상태로

태고 아주 먼 옛날

영성
인간이 지닌 신령하고 영적인 품성

샤머니즘
원시적 종교의 한 형태

태초에 황금시대가 있었다. 지구촌 역사가 처음 열리고 사람이 순수하게 살던 그때에는 인간과 짐승의 구분이 없었다. 사람과 짐승이 서로 말을 알아듣고 마음을 알았다. 사람이 초목이나 자연신과 대화하고 짐승이 사람으로 오기도 했다. 그리고 영능靈能*이 순수한 사람들은 날개가 없어도 직접 몸을 갖고 천상 세계로 날아갔다. 바다 세계에도 들어가고 지하 세계에도 갔다. 우주 삼계*를 날아다닌 것이다. 그들이 '인류 문화의 고전적 저작자(They are the classical authors of culture)'인 최초의 샤먼이다. 그들을 화이트 샤먼 White Shaman이라 한다.

영능
신령스러운 능력

삼계
하늘, 땅, 인간과 신명
세계 전체

이처럼 환국 때는 자연과 조화를 이루고 살면서 뛰어난 영성문화와 수행문화로 무병장수를 누린 인류 최초의 황금시대였습니다.

안파견 환인을 조상으로 모시는 만주족 샤먼

오늘날 만주족 샤먼들이 뿌리로 받드는 조상이 있습니다.

흰수염을 신선처럼 늘어뜨린 이 신상神像은 9천 년 전 환국의 초대 안파견 환인상이라 할 수 있습니다. 이 중 푸른 버드나무 가지를 드리운 듯한 옷을 입은 신상이 있습니다. 버드나무는 바이칼 호수 부근, 영하 50도까지 내려가는 시베리아 지역에서 유일하게 생존하는 나무입니다. 바이칼 호수는 인류의 조상인 나반과 아만*의 고향이자 환국의 중심지였습니다. 그러므로 이 신상이 입은 것이 버드나무라는 것을 확증할 수 있습니다. 북한 구월산 삼성사에 모신 환인, 환웅, 단군 세 분 성황*은 안파견 환인상을 많이 닮았습니다.

만주족 샤먼은 제례복도 버드나무로 만들었습니다.

『단군세기』에서 '단군왕검이 유궐柳闕(버드나무 궁전)에 머무르신다'고 하였고 고주몽의 어머니 이름도 유화柳花(버드나무 꽃)입니다. 여기서 우리는 환국부터 고구려에 이르는 문화의 연계성을 엿볼 수 있습니다.

신상
숭배와 경외의 대상이 되는 신의 화상, 초상, 또는 조각상

나반과 아만
나반과 아만은 아버지, 어머니라는 뜻이다. 나반→아빠→아바이→아버지, 아만→엄마→어마니→어머니.

성황
어질고 덕이 뛰어난 임금

만주족의 조상신 탈(중국 길림성 박물관) 탈의 주인공은 9천 년 전 안파견 환인천제로 여겨진다.

버드나무 가지 모양의 옷을 입은 만주족 조상 신상(중국 길림성 박물관)

버드나무로 만든 만주족 샤먼의 제례복(중국 길림성박물관)

황해도 구월산 삼성사 삼성전에 모셔진 삼성조三聖祖의 어진御眞

환인천제　　　　환웅천황　　　　단군왕검

환국에서 건너간 서양문화의 뿌리 수메르

환국 열두 나라 중 서쪽에 수밀이국이 있었습니다. 서기전 3300년경 기상이변이 일어나고 인구가 불어나자 수밀이국 사람들이 서쪽으로 이동하여 새로운 문명을 형성하였습니다. 이 문명이 서양 문명의 뿌리라 하는 수메르 문명입니다.

수메르 전문가인 크레이머Samuel Noah Kramer 박사는 '수메르인은 동방에서 왔다'고 하였습니다. 그것은 수메르인이 사용한 설형문자*를 보면 알 수 있습니다. 이 설형문자 유물은 18~19세기에 수만 점이 발굴되었고 그 내용이 완전히 밝혀졌습니다. 그 기록에 수메르인은 '동방 하늘산(天山An-san)에서 내려왔다'고 합니다. 수메르인은 동방의 종주국을 '하늘나라'라 말합니다. 이것은 환국의 중심지인 '천산'에서 서쪽으로 넘어간 것을 뜻합니다.

수메르인은 '우르'라는 도시국가를 건설하였습니다. 수메르는 환국 가운데 수밀이국과 비슷하고, 우르는 우루국과 닮았습니다.

수메르 문화를 살펴보면 환국과 수메르의 연관성은 더 분명합니다. 수메르 언어는 한국어와 동일한 교착어*입니다. 수메르는 우리의 60갑자처럼 60진법을 사용하였습니다. 결혼 전에 함*을 지는 풍습도 우리와 같습니다.

또 수메르인은 최고 통치자에게 '인En'이라는 호칭을 붙였는데, 이것은 환국에서 백성을 다스리는 통치자를 '인仁'이라 부른 것과 같습니다.

설형문자
메소포타미아를 중심으로 고대 오리엔트에서 광범위하게 쓰인 문자, 점토 위에 갈대나 금속으로 썼기 때문에 문자의 선이 쐐기 모양임

교착어
어근과 접사에 의해 단어의 기능이 결정되는 언어의 형태. 터키어, 몽골어, 한국어, 일본어 등이 교착어임

함
혼인할 때 신랑 쪽에서 채단采緞과 혼서지婚書紙를 넣어서 신부 쪽에 보내는 나무 상자

한국어	수메르어	한국어	수메르어	한국어	수메르어
아버지	아빠	우리(겨레)	우르	아우	아우
칼	카르	달	달	북	북
한	안	사람	사람	어디서	…쉐
엄마	엄마	나락(볍씨)	나락(곡식의 신)	어디로	…어라어디
밝음	바르	단군(몽골어로는 텡크리)	딩기르	부터	…타

한국어와 수메르어의 유사성
정연종, 『한글은 단군이 만들었다』, 230쪽; 히스토리 채널, "한글, 그 비밀의 문", 2003.10.9 방영.

2 환국의 광명정신을 계승한
한민족의 첫 나라, 배달

1) 배달의 건국

서기전 3900년경 환국 시대 말, 인구가 증가하고 기후가 급격하게 변화하여 삶이 어려워지자 서자부庶子部*의 거발환居發桓 환웅桓雄이 새로운 터전을 개척하기를 갈망하였습니다. 이에 환국의 마지막 지도자 지위리智爲利 환인께서 거발환 환웅에게 '동방 개척' 사명을 맡겼습니다.

환인께서 백두산을 향해 떠나는 환웅에게 종통과 국통 계승의 상징인 천부天符와 인印 세 개를 전수하고 풍백·우사·운사와 더불어 문명 개척단 3천 명을 내려 주셨습니다.

백두산에 도착한 환웅은 신시神市(신의 도시)에 도읍을 정하여 나라 이름을 '배달倍達'이라 하고, 삼신상제님께 천제를 올리며 나라 세움을 고하였습니다.

> **서자부**
> 서자는 백성이란 뜻. 서자부는 태자의 스승, 기타 높은 벼슬의 명칭이라 한다. 서자부는 「신시본기」에 부족 이름이라 밝힘

그날이 음력 10월 3일이고, 배달 건국을 기념하는 개천절입니다. 개천절은 본래 고조선 건국을 기리는 날이 아닙니다. 거발환 환웅께서 환국을 이어서 한민족사 최초의 나라 배달을 여신 날입니다. 역사가 왜곡되어 한민족 첫 나라를 잘못 아는 사람도 많습니다. 『환단고기』에서는 개천절의 참된 의미를 밝혀 줍니다.

'배달'은 밝음을 뜻하는 '배(㷱)'와 땅을 뜻하는 '달'을 합친 말로서 '광명의 동방 땅'을 뜻합니다.* 배달이라는 나라가 실제로 있었기 때문에 우리 민족을 '배달겨레'라 부릅니다.

환인천제에게 국통 계승의 증표로 천부와 인을 받은 거발환 환웅은 국가 통치 이념도 이어받았습니다. 한국인들은 홍익인간弘益人間 사상을 고조선의 국시國是*로 알고 있지만 사실은 9천 년 전 환국에서 전해 내려온 이념입니다.

'홍익'이란 천지의 웅대한 뜻과 이상을 역사 속에 구현하는 것입니다. 홍익인간은 '널리 인간을 이롭게 한다'는 뜻이라 배웠습니다. 그러나 홍익인간의 진정한 뜻은 '하늘과 땅의 밝음을 이어받아 인간의 역사 속에 실현하는 사람'입니다.

2) 인류 문명의 출발은 동방에서

백두산 신시에서 출발한 배달은 환국의 정통을 이어 홍익인간 사상을 펼치는 문명대국으로 성장하였습니다. 역학, 천문, 의술, 농경, 정치, 병법 등 인류 문명은 대부분 배달 때 시작되었습니다. 자연의 태양이 아침에 동쪽에서 떠오르듯 문명의 태양도 동방에서 떠오르기 때문입니다.

배달은 문명의 종주국으로서 문명 개척단을 전 세계로 파견하여 고대 문명의 형성에 주축이 되었습니다. 미국의 비

배달을 '땅의 광명[地光明]'을 가리키는 '단檀' 자를 써서 '단국'이라 부르기도 한다. '환단'은 환국과 배달 시대를 통칭하는 말이다.

국시
국가 이념이나 국가 정책의 기본 방침

태호복희씨가 우주 창조의 상을 그린 팔괘(복희팔괘)

태극기는 광명, 순수, 자연, 평화의 의미와 우주의 이치를 담고 있다.

교신화학자 조셉 캠벨Joseph Cambell은 『신화의 힘』에서 "세계 여러 문화권에서 발견되는 다양한 신화는 한 가지 공통점을 가지고 있다."고 하였습니다. 전 세계 곳곳으로 분파된 고대 문명의 흔적에는 어떤 연관성이 있음을 짐작할 수 있습니다.

우리 국기 태극기의 근원도 5,600년 전 배달 시대에서 찾을 수 있습니다. 배달 5대 태우의 환웅의 막내아들인 태호복희씨는 우주가 돌아가는 이치를 8개의 상징적 부호로 표현하였는데 그것이 팔괘(건태리진손감감곤)입니다. 태극기의 건곤감리乾坤坎離 사괘는 팔괘의 핵심을 담은 것입니다.

태극기에는 우주광명 정신과 자연이 순환하는 이치가 모두 들어 있습니다. 팔괘의 기본 바탕은 음(- -)과 양(—)입니다. 우주 자연이 이 음양의 원리로 변화하는 이치를 담은 주역

周易은 18세기경 서양 선교사들에 의해 유럽에 소개됩니다. 라이프니츠Gottfried Wilhelm von Leibniz는 주역의 음양 원리를 바탕으로 '0'과 '1'이라는 이진법을 발표하였습니다. 이것이 현대의 최첨단 디지털 문화의 바탕이 되었습니다. 한마디로 우리가 지금 누리는 첨단 과학문명도 배달 때의 문명에 뿌리를 둔 것입니다.

이처럼 배달은 동서양 문명을 이끈 주인공이었습니다.

주변 민족들은 우리 배달민족을 동이東夷 또는 구이九夷라 불렀습니다. 고대 한자에서 동東은 동쪽을 의미하며, 이夷는 대大와 궁弓 두 글자를 합친 것입니다. 대大는 '위대하다' 혹은 '크다'를, 궁弓은 '활쏘기'라는 의미입니다. 그래서 동이란 큰 활을 잘 쏘는 민족을 말합니다.

예나 지금이나 우리 민족은 활쏘기에 뛰어납니다. 우리에게 여전히 동이의 피가 흐르고 있기 때문에 올림픽에 나가서도 금메달을 휩씁니다.

『후한서』와 『예기』에 따르면 "동東은 이夷이며 이夷는 근본이다. 동이족은 인심이 후하고 모든 생물을 아낀다. 근본은 땅에서 온다. 동이족의 성품은 선하다. 동이족은 천도天道를 행한다. 그러므로 군자는 죽지 않는 것이다."라고 전합니다.

허신許慎의 『설문해자說文解字』에 나오는 '이夷' 자 설명

우리는 모두 동이

황제 헌원 / 오 제 (소호, 전욱, 제곡, 요, 순) / 하나라 우 / 상나라 탕 / 주나라 문 → 무 (우리도) / 제나라 (동이) / 노나라

이처럼 중국인은 동이를 칭송하고 존경하였습니다.

그런데 공자는 정치적 목적과 자신의 입지를 위해 『춘추』를 지을 때 중국은 높이고 다른 민족은 깎아내려 표현하였습니다. 그래서 훌륭한 의미를 지닌 이夷가 오랑캐라는 뜻으로 변질되었습니다.

3) 마침내 드러난 동방 한민족의 원형문화

홍산문화의 주인공, 배달 동이족

중국은 상고 시절 배달 동이가 동방 문화의 뿌리임을 알고 높이 칭송하였습니다. 그런데 수천 년이 지난 오늘날, 중국은 동북공정이란 역사 프로젝트를 감행하여 오히려 우리 상고사를 중국 역사에 편입시켰습니다. 왜 중국은 만리장성을 만주까지 늘이면서 우리 상고사를 중국사에 포함시키려는 것일까요?

중국이 역사를 왜곡하기 시작한 것은 고대 문명의 새로운 발견이라는 놀라운 사건이 그 계기가 되었습니다. 20세기에 들어와서 가장 오래된 문명이라는 찬사를 받으며 전 세계 고고학계에 충격을 준 유적지가 발굴되었습니다. 배달 동이의 활동 무대였던 만주 요령성과 내몽골 지역에서 황하 문명보다 무려 1,500년이나 앞선 홍산문화 유적이 발굴된 것입니다. 중국이 오랑캐 땅이라 여기던 만리장성 바깥에서 한민족 뿌리 역사의 진실이 홍산문화의 발견과 더불어 드러났습니다.

'홍산紅山'은 내몽골자치구 적봉시 동쪽에 있는 산으로 산 전체가 철광석으로 뒤덮여 붉게 보인다 해서 붙인 이름입니다. 홍산문화는 요하 유역인 내몽골 동남부와 요령성 서부 지역을 중심으로 번창했던 서기전 4700년~서기전 2900년

붉은 악마의 진실

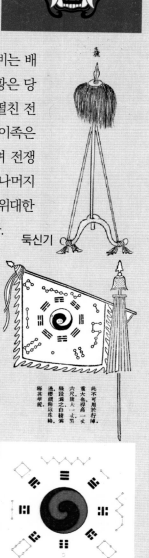

"대~한 민국! 짝짝 짝 짝짝!"

월드컵 경기나 국가 대표 선수의 경기에서 대한민국 팀이나 선수를 응원하는 구호와 박수입니다. 그런데 그 응원단의 깃발에 왜 무서운 도깨비가 그려져 있을까요? 거기에는 중국이 우리 역사를 어떻게 왜곡했는지 그 비밀이 들어 있습니다. '붉은 악마' 도깨비는 배달 14세 환웅인 치우 천황을 상징한 것입니다. 치우 천황은 당시 사람들이 그 이름만 들어도 벌벌 떨 정도로 위용을 떨친 전쟁 영웅이자 한민족의 위대한 천자였습니다. 후대에 동이족은 물론 중국 왕들도 대대로 치우 천황에게 천제를 올리며 전쟁의 신으로 섬겼습니다. 중국은 치우 천황을 두려워한 나머지 괴물로 둔갑시켜 버렸습니다. 우리는 이 사실을 모르고 위대한 조상님을 도깨비로 여기며 붉은 악마라 부르는 것입니다.

독신기

일제도 치우 천황을 역사 속에서 지워 버렸습니다. 고려와 조선에서는 군대가 출정할 때 독신纛神에게 제사를 지내는 독제를 시행하였습니다. 이 독신이 바로 치우 천황입니다. 서울의 뚝섬은 원래 치우 천황에게 독제를 지낸 '독신사'가 있던 곳입니다. 〈난중일기〉에는 이순신 장군이 출정하기 전에 승리를 기원하며 치우 천황께 제를 올린 기록이 있습니다. 이순신 장군은 대장선에도 독기를 꽂았습니다. 그러나 일제는 우리 문화와 정신을 말살하기 위해 독신사를 없애 버렸습니다. 그때부터 독제가 사라지고 치우 천황을 모르게 되었지만 뚝섬이란 이름은 남아 있습니다. 한국인의 끈기와 저력을 나타내는 '뚝심'도 치우 천황과 관련이 있습니다.

홍산에서 바라본
적봉시

경의 문명입니다.1)

그 중에서 요령성 객좌현 우하량 유적지에서는 무려 5,500년 전의 적석총*(돌무지무덤)과 여신묘(사원), 제단(제천단)이 드러났습니다.

적석총은 사각형으로 되어 있고 제단은 원형입니다. 이것은 전체 구조가 '하늘은 둥글고 땅은 방정하다'는 동양의 천원지방天圓地方 사상을 표현하고 있습니다. 이 구조는 조선의 초대 단군왕검이 강화도 마리산에 쌓은 참성단, 명나라 때 만든 북경의 환구단, 근세조선 말에 고종 황제가 세운 원구단 등의 제천단에서 공통적으로 나타납니다. 5,500년 전 배달 동이*가 세운 이 우하량 제단은 동북아 제천단의 원형입니다.

홍산문화는 총(무덤), 묘(신전), 단(제단)을 모두 갖추어서 당

적석총
돌을 쌓아 만든 무덤

동이
공자도 동경했던 동방의 뿌리 되는 민족이 세운 군자의 나라, 신선의 나라 또는 동방에 사는 큰 활을 잘 쏘는 민족을 일컫는 말. 예로부터 중국인들이 동방 배달민족을 '동이'라 부른 것은 치우천황이 큰 활을 만들어 쓴 이후이므로 엄밀히 말하면 '배달 동이'로 불려야 옳다.

1) 이형구 교수는 홍산문화를 '발해연안문명'이라 부른다. 발해연안이란 발해를 둘러싸고 있는 산동반도, 요서, 요동반도, 한반도 등을 포함한 지역을 말한다. 세계 4대 문명과 마찬가지로 홍산문화도 북위 30~45도에서 발생하였다. 지중해 문명이 서양 문명에 자양분을 공급했듯이, 동이족이 발해연안에서 창조한 문명은 중국은 물론 만주, 한반도, 일본의 고대 문명을 일궈 낸 젖줄이었다(이형구·이기환, 『코리안 루트를 찾아서』, 27쪽).

地方　天圓

시 사회가 문명국가의 단계에 들어섰음을 보여줍니다. 그런데 중국은 초기 국가를 형성한 이 문화를 해석할 수 있는 문헌이 없기 때문에 다만 '신비의 왕국'이라 표현했습니다. 중국학자 쑤빙치蘇秉琦 등 많은 학자들은 홍산문화가 황하문명의 원류라는 것을 인정합니다. 황하문명 태동의 밑거름이 된 홍산문화는 배달 동이의 독자적인 문화입니다. 동북아시아 고고학 전문가 사라 넬슨Sarah Milledge Nelson 교수도 논문에서 "홍산문화는 모두 이夷(동이)에서 왔다."고 밝혔습니다. 이 홍산문화 본래 모습을 『환단고기』에서 찾아볼 수 있습니다.

우하량 홍산유적지에서 발굴된 5,500년 전의 원형제단과 적석총 동양의 전통적 우주관인 천원지방 사상을 담고 있다.

무덤 양식의 차이	
중국 황하문명권	동이 배달문명권
토광묘	적석총, 석관묘, 고인돌
흙을 파서 매장하는 형태	돌을 쌓아올려 만든 형태

홍산 유물에서 드러난 영성문화

『환단고기』에는 옛날부터 인류가 대자연과 하나 되어 생활 속에서 늘 수행을 했다는 기록이 있습니다. 『환단고기』 가운데 『삼성기』 상편을 보면 '환웅천황께서 삼신상제님께 천제를 지내고 바깥일을 삼가고 21일 동안 문을 닫고 수도를 하셨다, 서원을 세우고 주문을 읽어 공덕을 이루셨다'는 내용이 나옵니다. 이 구절에서 우리 조상들이 주문을 외우며 수행하셨다는 것을 알 수 있습니다.

배달시대를 밝혀주는 홍산 유적에서 가부좌* 자세로 수행하는 여신상과 두 손을 단아하게 모으고 주문을 읽는 젊은 남신상이 나왔습니다. 그러므로 인류 태고 시절에 하늘과 소통한 영성문화, 수행문화가 있었음을 알 수 있습니다.

홍산 유적에서는 강건하고 순수한 하늘의 마음을 상징하는 옥기가 대량으로 출토되었습니다. 부장품*으로 옥기를 사용한 것은 옥이 변하지 않는 보석으로 영생불멸을 뜻하기 때문입니다. 『주역』「설괘전」에서도 팔괘의 첫째인 건乾괘의 성격을 옥으로 표현하였는데, 이것은 옥이 하늘의 빛깔과 하나님의 신성을 상징하기 때문입니다. 홍산인들은 옥을 천제 때 신에게 바치는 예물, 고귀한 신분을 나타내는 장신구, 신과 소통하는 신물 등으로 사용하였습니다. 동양에서는 하느님이 계시는 천상의 수도를 옥경玉京이라 부르고, 옥경에 거하며 삼라만상*을 다스리는 우주의 통치자 하느님을 옥황상제玉皇上帝라 부르며 모셨습니다.

가부좌
왼쪽 발을 오른쪽 넓적다리 위에 놓고 오른쪽 발을 왼쪽 넓적다리 위에 놓고 앉는 방법

부장품
장사 지낼 때, 시신과 함께 묻는 물건을 통틀어 이르는 말

삼라만상
우주에 있는 온갖 사물과 현상

적봉시에서 발굴된 수행 중인 남신상 (왼쪽)
10대 또는 20대 전후의 젊은이로 추정되는 신상이 주문을 읽는 모습에서 모든 종교의 수행과 기도 문화의 원형을 찾을 수 있다. 천상의 음악, 우주의 음악인 주문을 노래하는 수행은 인류 문명의 황금시절인 환국·배달·조선 시대에 보편적인 생활문화였다.

한민족의 최고 전성기, **고조선**

1) 나라를 삼한三韓으로 나누어 다스림

배달의 마지막 18세 거불단 환웅이 세상을 떠나자 단군 왕검檀君王儉께서 혼란해진 구환족을 통일하여 서기전 2333 년에 '조선朝鮮'을 열었습니다.

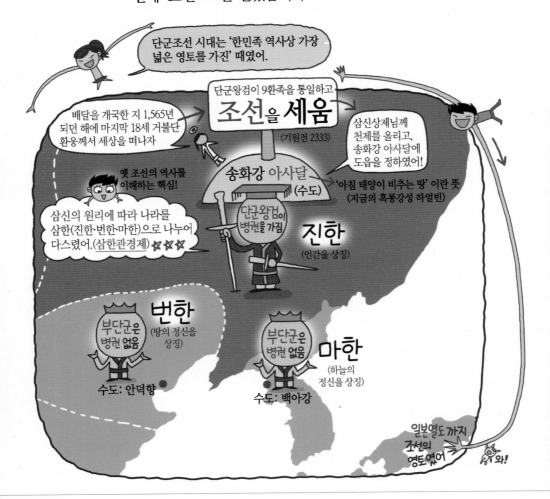

조선은 '아침 햇살을 가장 먼저 받는 곳[朝光先受地]'이란 뜻으로 광명사상을 담고 있습니다. 단군왕검은 삼신상제님께 천제를 올리고, 송화강 아사달(지금의 흑룡강성 하얼빈)에 도읍을 정하였습니다. '아사달'은 '아침 햇빛이 비치는 밝은 땅'이란 뜻입니다.

단군왕검은 나라를 삼수(3)의 원리로 삼한(진한·번한·마한)으로 나누어 다스렸습니다. 이것이 삼한관경제三韓管境制입니다. 이것을 처음으로 밝힌 분은 단재丹齋 신채호申采浩 선생입니다.

신채호 선생은 한반도의 남쪽 삼한시대 이전에 만주와 한반도에 걸친 대륙에 있던 북삼한이 원래 삼한이라 하였습니다. 그리고 삼한관경이 고조선의 국가 경영 원리임을 밝혔습니다.

한반도에 있던 마한은 하늘의 정신(天一)을, 요서*와 그 남부 지역에 있던 번한은 땅의 정신(地一)을, 그리고 요동과 만주 지역에 걸쳐 있던 진한은 천지의 중심인 인간(太一)을 상징합니다.

요서
요하(지금의 하북성 난하)를 중심으로 요동과 요서가 나뉘는데 서쪽 하북성 일대

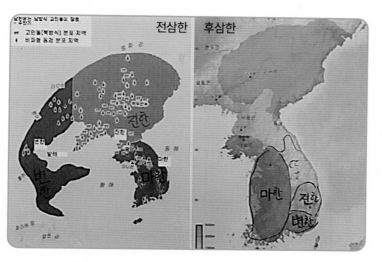

전후삼한고前後三韓考
1925년경 동아일보에 게재되었다. 단재 신채호는 이 글에서 삼한을 전삼한과 후삼한으로 나누어 논증하였다. 단재가 말한 전삼한(북삼한)의 위치는 『환단고기』에서 말한 강역과 거의 일치한다. (충북 청원군 낭성면 귀래리 단재기념관 소장)

조공을 바쳐 예를 표합니다.
-'단군세기'에 나옴-

천자국 조선

하나라 상나라 주나라 …… …… 마지막 군주 걸까지

70여 제후를 거느린
천자국 조선

단군은 대大단군으로서 병권兵權을 갖고 진한을 통치하고, 번한과 마한은 각각 부단군이 지방자치 형태로 통치하였습니다. 지금으로 말하면 나라를 다스리는 대통령이 있고 보좌하는 부통령이 두 명 있었다는 것입니다.

『환단고기』에는 이제까지 배우지 못한 단군조선의 놀라운 역사가 들어 있습니다. 단군은 한 분이 아니라 모두 마흔일곱 분(47세 단군)이며 단군조선은 2,096년 동안 이어진 한민족의 최고 전성기였습니다.

단군조선은 동북아의 대국으로 70여 개에 이르는 크고 작은 제후국을 거느렸습니다. 『단군세기』에 따르면, 단군은 제후국을 순회하고 제후들은 단군에게 조공을 바쳐 예를 표했습니다. 단군은 제후들을 삼신상제님께 올리는 천제에 참여시켰습니다. 천제를 올리는 것은 천자가 다스리는 나라, 천자국의 특권이었습니다.

2) 세계 최초의 대재앙과 마리산 참성단의 비밀

초대 단군 시절, 인류사 최초로 대재앙이 일어났습니다.

전 지구적으로 일어난 홍수였습니다. 『구약성경』이 전하는 대홍수와 노아의 방주도 이때 있었던 일입니다. 단군왕검 재위 50년(서기전 2284년)에 홍수로 백성들이 편안히 살 수 없게 되자 왕검께서 풍백風伯* 팽우彭虞로 하여금 물을 다스리게 했습니다. 다음 해에는 운사雲師 배달신倍達臣을 시켜 강화도 마리산에 참성단을 쌓고 상제님께 천제를 올렸습니다. 당시 중국 땅에는 9년 동안이나 대홍수가 일어나 나라가 위태로운 지경이었습니다.

이에 단군왕검께서 태자 부루扶婁를 보내어 오행치수법을 전수하셨습니다. 이때 오행치수법*을 배운 실무자는 순임금의 신하 사공司空 우禹였습니다. 단군왕검의 도움으로 대홍수를 해결한 우는 백성들의 인심을 얻어 하夏나라를 열었습니다.

이렇게 고조선의 은덕을 입은 하나라는 시조 우임금 때부터 마지막 군주 걸에 이르기까지 고조선을 상국으로 모셨습니다. 이후 동이족이 세운 상商(은)나라는 고조선이 위치한 동북방을 숭상하였습니다. 그리고 상나라 다음으로 550년간 중원을 지배한 주周나라도 고조선에 사신을 보내 조공을 바쳤습니다.

그 외 『서경』「순전舜典」을 보면 고조선과 중국의 관계를 잘 알 수 있는 "사근동후肆覲東后"라는 구절이 나옵니다. 순임금이 낭야*에서 '동방의 천자를 알현하였다'는 뜻입니다. 동방의 천자 즉, 고조선의 단군을 뵈었다는 것입니다. 알현은 왕이나 제후가 천자에게 가서 인사를 드리는 일입니다.

그러나 중국은 동북아의 천자국 고조선의 역사를 왜곡, 말살하여 중국 역사로 편입시키는 동북공정을 자행하였습니다. 이것은 문화를 전해 준 스승 나라를 오히려 속국으로

산동성 교남시에 있는 낭야대 정상의 진왕(진시황) 석상
진왕이 바다 건너 한반도를 가리키며 서복에게 불로초를 구해 오라고 명을 내리는 모습이다. 진왕은 낭야를 세 번 다녀갔다고 한다.

만드는 너무도 배은망덕한 짓입니다. 일본도 이렇게 위대한 고조선의 실존 역사를 왜곡, 날조하여 신화의 나라로 만들고 우리를 세뇌시켰습니다. 이것은 한민족의 뿌리 역사를 말살한 결코 용서할 수 없는 죄악입니다.

진정한 우리 국보 1호는 무엇일까요?

전 세계 인류가 함께 아끼고 보존하고자 세계 문화유산을 지정합니다. 그 중 제1호는 아테네 파르테논 신전입니다. 고대 그리스인들이 하늘과 소통한 유적지로 지금도 올림픽을 열 때 파르테논 신전에서 하늘에 기원하고 성화를 채화합니다. 그러나 심하게 훼손되어 계속 보수공사를 하고 있습니다.

우리에게는 그것보다 훨씬 더 위대한, 세계에 자랑할 만한 문화유산이 있습니다. 4,300년 전 초대 단군왕검께서 삼신상제님께 천제를 올리기 위해 강화도 마리산에 쌓으신 참성단塹城壇입니다. 옛날 중국의 역대 왕들은 태산에 올라가서 천제를 지냈습니다. 그것은 가장 큰 국가행사였고 왕들은 일생일대의 가장 큰 영광으로 여겼습니다.

그 천신단의 원형이 우리나라 참성단입니다. 강화도 참성단은 한반도에서 가장 오래된 제천단으로 인류 문화의 원형을 간직하고 있습니다.

단군왕검의 역사가 깃들어 있고 천자국의 위상을 보여주는, 천원지방의 제단 양식을 그대로 갖춘 참성단은 역사적으로나 정신적으로 볼 때 남대문에 비할 바 아닙니다.

진정한 국보 1호는 일제가 보물로 정했던 남대문이 아니라 삼신상제님께 천제를 올린 한민족 본래의 광명문화가 살아 숨 쉬는 강화도 마리산 참성단이어야 마땅합니다.

강화도 마리산 참성단

상고사의 잃어버린 고리, **북부여**

한국사 교과서를 보면 단군조선에서 고구려(나아가 신라, 백제의 삼국시대)로 이어지는 역사의 흐름이 불완전합니다. 오랫동안 한민족은 이 부분의 역사를 잊어버리고 살았습니다. 그러나 『환단고기』에서 이 소중한 역사를 찾게 되었습니다.

바로 북부여 역사입니다. 북부여사는 단군조선과 고구려 역사를 잇는 고리입니다.

단군조선은 22세 색불루 단군 때 삼한(진한, 번한, 마한)에서 삼조선(진조선, 번조선, 막조선) 체제로 바뀝니다. 삼조선 중 대단군이 통치한 진조선은 44세 구물 단군 시절에 나라 이름을 '대부여'로 바꾸었습니다. 마지막 47세 고열가 단군 시기는 대단군의 통치권이 약화되고 막조선과 번조선의 부단군과 지방 군장들이 각기 세력을 키우고 다투던 혼란기였습니다. 고열가 단군은 나라를 다스릴 힘이 없어서 오가五加(중앙부처의 장관이자 다섯 지역의 행정 우두머리)에게 새 단군을 천거*하라 하고 산으로 들어갔습니다. 이후 6년간(서기전 238년~서기전 232년) 오가가 나라를 다스리는 공화정이 시행되었습니다.

고열가 단군이 산으로 들어가기 1년 전, 고리국 출신 해모수가 혼란한 나라를 바로잡고자 웅심산에서 일어났습니다. 해모수는 서기전 239년에 조선(대부여)의 북녘 땅(만주, 지금의 길림성 서란)에 북부여를 세웠습니다. 그래서 북부여 중심의 새 역사가 시작되었습니다.

오가는 공화정을 철폐하고 해모수를 따랐습니다. 해모수

> **천거**
> 어떤 일을 맡아 할 수 있는 사람을 그 자리에 쓰도록 소개하거나 추천함

는 드디어 백성들의 추대*를 받아 서기전 232년에 단군으로 즉위하였습니다. 이로써 180여 년에 걸친 북부여 역사가 펼쳐졌습니다.

추대
윗사람으로 떠받듦

그런데 식민사학자들이 중국 역사책과 『삼국사기』, 『삼국유사』의 잘못된 내용을 빌미로 삼아 북부여의 시조 해모수를 고구려 시조인 주몽의 아버지로 바꾸어 버렸습니다. '해모수와 유화 부인 사이에 태어난 고주몽이 고구려를 열었다'고 하여, 어이없게도 해모수와 주몽을 부자간이라 했습니다.

해모수는 실제로 주몽의 고조부입니다. 해모수와 주몽이 부자 사이로 왜곡됨으로써 북부여의 180년 역사가 아버지와 아들의 2대 역사로 변조된 것입니다.

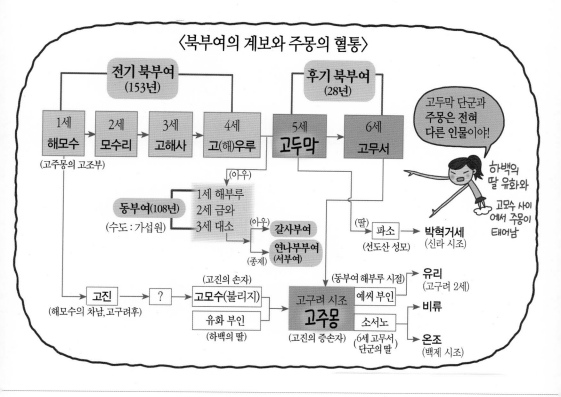

〈북부여의 계보와 주몽의 혈통〉

북부여의 국통은 고구려로 계승되었습니다. 북부여의 6세 고무서 단군은 아들이 없었습니다. 주몽은 동부여 땅에서 태어나, 어머니 뜻을 받들어 고향인 북부여로 갔습니다. 고무서 단군은, 자신을 천제의 아들이라 밝힌 주몽을 범상하지 않은 인물로 보고 둘째 딸 소서노와 혼인시킨 후, 서기전 58년에 대통大統*을 물려주었습니다. 주몽이 7세 단군이 된 것입니다.

> 대통
> 임금의 계통

주몽은 서기전 37년에 해모수를 태조로 삼아 제사를 지내고 나라 이름을 고구려로 바꾸었습니다. 그러므로 북부여를 '원고구려'라 할 수 있습니다.

해모수가 북부여를 세운 해(서기전 239)로부터 고구려가 망한 서기 668년까지 계산하면 역년은 900년이 약간 넘습니다.

고구려가 망하자 나라를 세운 고구려 장수 대중

광개토대왕비 '환지십칠세손'
『삼국사기』「고구려본기」에 광개토대왕은 주몽의 13세손으로 나온다. 그런데 5세기 초에 세운 광개토대왕비 비문에는 "환지십칠세손還至十七世孫"이라 새겨져 있다. 시조로부터 대대로 왕위를 계승하여 17세를 내려와 광개토대왕이 왕위에 올랐다는 말이다. 장수왕이 아버지 광개토대왕의 업적을 기리는 비문에 분명히 시조의 17세손이라 하였는데 왜『삼국사기』에는 13세손이라 한 것일까? 그 의문에 대한 답은『환단고기』를 통해서만 풀린다.『환단고기』를 보면, 고주몽은 북부여를 건국한 해모수의 5세손이다. 그러므로 광개토대왕은 해모수의 17세손이 된다. 이렇게『환단고기』는 고구려의 뿌리가 북부여 해모수라는 것을 밝혀준다.

상은 나라 이름을 '후고구려'라 하였습니다. 이후 대중상의 아들 대조영이 나라 이름을 대진大震으로 바꾸었습니다. '대진'은 '동방 광명의 큰 나라, 위대한 동방의 나라'라는 뜻입니다. 대진을 발해 라고도 하지만, 발해는 당나라가 '발해'라는 바다 이름을 붙여서 낮추어 부른 것입니다. 대진은 고구려를 계승하여 독자적인 연호를 정하고 황제 칭호를 사용했습니다.

대진은 해동성국海東盛國이라 불릴 정도로 강성했으나 거란의 침입으로 926년에 멸망했습니다. 후신라(통일신라)와 대진이 공존한 남북국시대가 끝난 뒤에, 한민족의 국통은 고려, 조선, 대한민국으로 계승되었습니다.

이로써 우리나라는 9천 년의 역사 속에서 ①환국 → ②배달 → ③(단군)조선 → ④북부여(열국시대) → ⑤고구려·백제·신라·가야(사국시대) → ⑥대진·신라(남북국시대) → ⑦고려 → ⑧(근세)조선 → ⑨ 대한민국으로, 크게 아홉 번에 걸쳐 바뀌어 오늘에 이르렀습니다.

한 집안에도 족보가 있듯이 나라에도 민족의 정신을 이은 장손 국가의 계보가 있습니다. 이러한 나라의 계보를 국통 맥이라 합니다.

우리 역사에서 국통을 이은 나라 이름들을 보면 모두 광명의 정신을 담고 있습니다. 환국은 '환하게 빛나는 광명의 나라', 배달은 '광명이 비치는 밝은 땅', 조선은 '아침 해가 비치는 땅', 북부여는 '아침 동이 부옇게 밝아오는 곳', 고구려는 '높고 크게 빛나는 곳', 대진은 '위대한 동방 나라'라는 뜻입니다. 고려는 고구려를, 조선은 고조선의 의미를 이었습니다. 대한은 '하늘의 광명을 지상에 실현하는 가장 위대한 나라'라는 뜻을 담고 있습니다.

이처럼 우리는 9천 년의 장구한 세월에 걸쳐 하늘의 광명을 지상에 그대로 펼친 민족입니다. 오랜 역사를 이어온 것은 역사를 이끄는 힘이 있었기 때문입니다.

『환단고기』가 밝혀 주는 한국사의 국통 맥

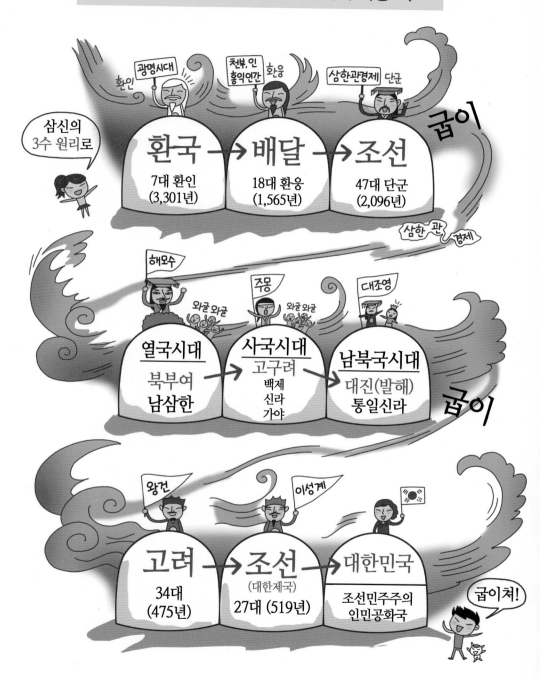

잘못된 『환단고기』 위서론'

위서僞書란 '가짜로 꾸며낸 책'을 말합니다. 『환단고기』를 가짜로 꾸며낸 책이라 주장하는 것을 '『환단고기』 위서론僞書論'이라 합니다. 이 위서론을 펴는 사람들은 『환단고기』를 단지 몇 가지 지엽적인 문제를 꼬투리 잡아서 믿을 수 없거나 지어낸 것이라 우깁니다.

위서론자들은 『환단고기』의 저자가 불명확하거나 실존인물이 아닐 것이라 하고, 『환단고기』에 근대 용어가 가끔 사용되었다며 문제 삼습니다. 또 지명을 오해하고 엉뚱한 근거를 대면서 다른 책을 베꼈다고 주장합니다. 이 위서론의 잘못을 제대로 알지 못하면, 위서론이 마치 바이러스처럼 우리의 진실한 역사와 역사의식을 갉아먹습니다. 이러한 가짜 주장에 대해 좀 더 자세히 알아보겠습니다.

『환단고기』는 천 년 세월에 걸쳐서 쓰인 역사책 다섯 권을 묶어서, 계연수 선생이 1911년에 펴낸 책입니다. 『환단고기』 저자 다섯 분은 당대의 뛰어난 승려, 학자, 정치가로서 모두 당대 최고 지성인이었습니다. 신라 십성+聖* 중 한 사람으로 진평왕, 선덕여왕 시대에 국정을 자문한 고승으로 『삼성기』 상편을 지은 안함로安숨老(579~640), 조선 3대 임금 태종太宗의 스승이자 '두문동 72현'* 중 한 사람인 원천석元天錫(1330~?)으로 밝혀진 『삼성기』 하편의 저자 원동중元董仲, 고려 후기에 여섯 임금을 모셨고 공민왕 때는 수문하시중을 지낸 『단군세기』 저자 행촌杏村 이암李嵒(1297~1364), 고려 말

신라 십성+聖
『삼국유사』에 기록된, 신라 최초의 사찰인 흥륜사 금당에 모신 신라 불교 성인 열 명. 금당의 동쪽에 아도阿道, 염촉厭髑(이차돈), 혜숙惠宿, 안함安숨, 의상義湘을 모시고 서쪽에 표훈表訓, 사파蛇巴, 원효元曉, 혜공惠空, 자장慈藏을 모셨다고 한다.

두문동杜門洞 72현賢
고려가 망하자 문인 72명이 관직을 버리고 개경(개성) 남쪽에 있는 만수산에 들어가 숨어 살았다. 그들은 어떤 일이 있어도 나오지 않고 고려에 대한 충절을 지켰다. 이성계가 은둔자들을 나오게 하려고 불을 질렀지만 끝내 나오지 않았다. 문을 걸어 잠그고 밖에 나오지 않는 것을 '두문불출杜門不出'이라 한다.

에 간의대부諫議大夫를 지낸 두문동 72현 중의 한 사람으로 『북부여기』를 지은 복애거사伏崖居士 범장范樟(?~?) 그리고 조선 중종 때 찬수관撰修官을 지낸 『태백일사』의 저자 일십당주인一十堂主人 이맥李陌(1455~1528)이 그분들입니다.

그런데 위서론자들은 이 저자들이 책을 지은 사실을 부정하기 위해, 엉뚱하게도 계연수 선생의 제자로서 1948년에 『환단고기』를 가지고 삼팔선을 넘어와 세상에 전한 이유립李裕岦(1907~1986) 선생이 이 책을 지어냈다고 주장합니다. 이유립 선생은 평생을 『환단고기』 대중화를 위해 몸 바친 분입니다. 선생은 『환단고기』와 올바른 역사에 대한 뜨거운 애정과 열정이 있었습니다. 최근에 나온 어느 논문에서는, 이유립 선생이 『환단고기』를 출간되기 전에 그 내용 일부를 다른 지면에, 「환단휘기桓檀彙記」 등의 제목으로 발표한 것을 문제 삼아서 위서라 주장합니다.

물론 이유립 선생이 글을 발표할 때 『환단고기』라는 제목을 붙였다면 이런 지적도 나오지 않을 것입니다. 선생이 『환단고기』의 일부 내용을 여러 지면에 발표한 것은 1960~70년대였습니다. 당시는 오늘날과 같이 저작권*이 적용되는 때가 아니었으므로, 자신이 직접 쓴 것이 아니지만 『환단고기』 내용을 자신의 주장처럼 비교적 자유롭게 발표할 수 있었습니다. 『환단고기』에 큰 애정을 가졌던 선생은, 비록 제목을 바꾸더라도 내용이 달라진 것은 아니기에 별 문제가 없다고 생각하고 약간씩 수정하기도 하면서 계속 발표하였을 것입니다.

최근에 어떤 논자는 이유립 선생이 『환단고기』 내용을 발표할 때 일부 자구字句를 바꾸고 수정, 첨삭*한 것을 문제 삼습니다.

저작권
인간의 사상 또는 감정을 표현한 창작물인 저작물에 대한 배타적·독점적 권리

첨삭添削
문자를 보태거나 뺌

그런데 그 고친 자구에는, 실질적인 뜻이 없이 다른 글자를 보조하여 주는 어조사(焉, 也, 於, 矣 따위)가 많이 포함되어 있습니다. 어조사를 고친 것은 독자로 하여금 편하게 읽게 하려는 것으로 큰 문제가 아닙니다. 그런데 이유립 선생이 『환단고기』내용에 한두 문장을 추가하거나 수정 또는 삭제한 것이 있습니다. 이것은 엄밀하게 보면 어느 정도 문제가 될 수 있습니다. 그러나 이런 행위가 『환단고기』 전체를 훼손한 것은 결코 아닙니다. 그래서 이것이 위서의 근거가 될 수는 없습니다. 한두 문장을 보충, 삭제했다고 해서 『환단고기』를 위서로 몬다는 것은, 빈대 잡자고 초가삼간 태우는 일과 다를 바 없습니다. 이런 사소한 문제가 있다고 해서 『환단고기』를 가짜로 몰아서 책에 실린 우리 고대사를 모두 내버리는 것이 과연 옳은 일일까요?

이유립 선생은 1948년 북한에서 월남할 때 가지고 온『환단고기』원본(계연수 선생이 1911년에 간행)을 잃어버렸습니다.

한두 문장을 보충, 삭제했다고 해서 『환단고기』를 위서로 몬다는 것은, 빈대 잡자고 초가삼간 태우는 일과 다를 바 없습니다.

이 원본이 남아 있다면 위서론은 생기지 않았을 것입니다. 이 원본을 오형기라는 분이 1949년에 붓으로 베껴 적었습니다. 이 필사본을 조병윤이라는 사람이 광오이해사라는 출판사에서 사진으로 찍어서 1979년에 출판했습니다. 『환단고기』 내용을 외우고 있던 이유립 선생은 광오이해사본의 잘못된 곳을 바로잡아서 1983년에 100부를 찍어 냈습니다. 이러한 여러 판본은 계연수 선생이 1911년에 『환단고기』 원본을 펴냈기 때문에 가능한 일입니다. 따라서 이유립 선생이 책을 창작해서 1983년에 펴냈다는 위서론은 결코 바른 주장이 아닙니다.

위서론자들이 내세우는 근거는 이것뿐만 아닙니다. 『환단고기』에 나오는 옛날 술어를 근대 용어로 오해하여 『환단고기』를 최근세에 쓴 책이라 주장합니다. '인류, 헌법, 산업, 문화, 자유, 평등, 국가, 세계만방' 같은 용어들이 그것입니다. 이런 용어는 이미 오래 전부터 쓰였습니다. '인류, 헌법, 산업' 등은 2,200년 전 전국戰國시대에 쓰였고 '문화'는 2,000년 전 한나라 때에, '자유, 평등'은 1,800년 전 위진남북조 시대에 이미 쓰였습니다. '국가'는 『주역』에, '세계'는 당나라 때의 『능엄경』에, '만방'은 『시경』과 『서경』에 쓰였습니다.

다음으로 『환단고기』에 나오는 지명을 잘못 알고 위서라 주장합니다. 예컨대 '영고탑'은 청나라(1644~1911)를 세운 시조의 전설과 관련이 있는 지명이고 청나라 때 책 『만주원류고滿洲源流考』에 나오므로 『환단고기』는 청나라 이후에 씌어졌다는 것입니다. 여러 설이 있으나 원래 영고탑寧古塔은 지명이 아닙니다. 원래 탑 이름이었는데, 뒷날 탑은 사라지고 지명으로 남은 것으로 보아야 합니다. 이것은 서울의

영고탑 구성舊城 유적비
흑룡강성 해림시海林市 장정진長汀鎭 구성舊城. 군대가 머무르던 토성 일부가 지금도 남아 있고, 그 한쪽에 유적비가 있다.

압구정
조선시대 때 한명회韓明
澮(1415~1487)가 말년
에 자신의 호를 따서 한
강 가에 지은 정자

'압구정狎鷗亭'이 원래 조선시대 때 한명회가 한강변에 세운 정자인데 오늘날 정자는 사라지고 지명으로 남은 것과도 같습니다.

『단군세기』를 보면 단군조선 16세 위나단군 때 영고탑에서 천제를 올렸고, 20세 고홀 단군 때 영고탑을 수축修築했으며, 23세 아홀 단군 때는 도읍을 영고탑으로 옮길 것을 의논한 적이 있습니다. 삼신상제님께 영고제迎鼓祭라는 천제를 올리던 소도蘇塗가 있었던 영고탑은 청나라 개국보다 3,200여 년이나 이른 단군조선 시대에 이미 있었습니다. 위서론자는 이 영고탑을 '청나라 때의 지명'으로 해석하고 『환단고기』가 청나라 이후에 기록된 것이라고 엉뚱한 주장을 펼칩니다.

『환단고기』는 다른 책을 베낀 책이라는 주장도 있습니다. 위서론자들은 다른 책에 『환단고기』와 비슷한 내용이 나오면, 『환단고기』가 그 책의 영향을 받거나 베꼈다고 주장합니다. 예를 들면 『환단고기』에 '삼조선'이 나오는데, 신채호 선생이 1930년대에 쓴 『조선상고사』에도 삼조선이 나온다고 해서 『환단고기』는 『조선상고사』를 베낀 책이라는 것입니다. 그러나 『환단고기』에는 삼조선에 관한 내용이 『조선상고사』보다 폭넓게 나옵니다. 또 어떤 학자는 『단군세기』 서문에 나오는 "국유형國猶形 사유혼史猶魂"(나라는 형체와 같고 역사는 혼과 같다)이라는 구절이 박은식이 쓴 『한국통사』(1915)에 나오므로, 『환단고기』는 『한국통사』를 베낀 책이라 했습니다.

그러나 먼저 나온 『환단고기』가 나중에 나온 『조선상고사』나 『한국통사』를 베꼈다는 것은 도저히 받아들일 수 없는 주장입니다.

『환단고기』가 20세기에 쓴 책이라는 허무맹랑한 주장도 있습니다. 계연수 선생이 '20세기 전반에 항일독립운동을 고취하기 위해서 창작'했다는 것입니다. 이 주장도 사실과 전혀 다릅니다.

또 『환단고기』에 실린 역사서들은 통일신라 때부터 조선 중기에 이르기까지 여러 저자가 지었고, 오랜 세월을 거쳐 전해지다 보니 첨삭, 교정된 부분이 없지 않습니다. 이런 사실을 근거로 삼아 위서라 단정하는 것도 옳지 않습니다.

지금까지 살펴본 몇 가지 근거로써 『환단고기』를 위서라 한다면, 그것은 위서로 몰기 위해서 억지로 갖다 붙인 주장이라 하지 않을 수 없습니다. '부정을 위한 부정'에 지나지 않는 것입니다. 사실 일부 위서론자를 제외한 많은 학자들이 『환단고기』를 진실한 역사서 즉 진서眞書라 밝히고 있습니다.

따라서 이러한 『환단고기』 위서론은 올바른 민족사를 부정하고 인류 문화의 근본을 잊어버린 행위가 아닐 수 없습니다. 위서론자들은 『환단고기』 원전을 체계적으로 깊이 읽지 않고, 제대로 해석하지도 못하고, 성급하게 의도적으로 책의 가치를 깎아내립니다. 이런 잘못된 시각과 엉뚱한 논리에서 벗어나 『환단고기』의 진정한 가치를 인정하고 바르게 연구하여 왜곡되고 잊힌 역사를 바로잡고, 그 훌륭한 사상을 널리 알려야 할 것입니다.

오랜 기간 전해지면서 첨삭된 고전
- 위서가 아니다

『환단고기』에 실린 역사서들은 통일신라시대부터 조선 중기에 이르기까지 저술된 것입니다. 오래된 책들은 전해지는 과정에서 글자가 바뀌거나 몇몇 장이 누락되거나 첨가되기도 합니다. 『환단고기』도 그렇습니다. 그러나 우리는 역사적으로 매우 소중한 역사서나 철학서들이 오랜 시간이 경과하면서 첨삭된 내용이 많고 저자가 누구인지 불명확한 경우에도 그 가치를 부정하지 않습니다.

동양 고전 중에서 『열자列子』의 경우를 볼까요? 『열자』는 도가 계열의 철학서로 『도덕경』, 『장자』와 함께 '도가삼서道家三書'라 불립니다. 이 『열자』는 위서라 부를 만한 여러 이유가 있습니다. 예를 들어 열자는 실존 인물인지, 어느 시대 사람인지 명확한 기록이 없습니다. 『열자』는 한 사람이 쓴 것으로 보기 어렵다고도 말합니다. 특히 『열자』에는 가상 인물이 나오거나 역사적 인물과 관련된 우화가 다수 등장하는데 그 우화는 대체로 꾸며냈을 가능성이 크다고 합니다. 지금 우리가 보는 『열자』는, 이미 전해지고 있던 책을 바탕으로 하여 후세 사람들이 여러 이야기를 덧보태어 한나라 이후에 이루어진 것이라 합니다. 그러나 학자들은 『열자』 자체를 부정해서는 안 된다고 말합니다. 위서라는 낙인을 찍는 순간 그 책의 가치는 사라지기 때문에 매우 신중해야 한다는 것입니다.

또 중국의 유명한 고대 사서인 『사기史記』를 살펴볼까요? 『사기』는 사마천司馬遷이 쓴 것으로, 오제五帝 중에서 황제黃帝부터 기록했는데, 황제는 전설시대 인물로 명확한 근거가 없었습니다. 사마천은 중국을 돌아다니면서 들은 이야기나 이미 있었던 단편적 기록을 모아서 「황제편」을 기록했지요. 사실 『사기』의 기록이나 관점이 모두 사실과 부합하고 객관적인 것은 아닙니다. 그래서 사마천은 많은 비판을 받습니다. 『사기』가 오랫동안 그 내용이 첨삭된 것은 당연한 일입니다. 그 당시 기록물의 보관이나 전달이 현대처럼 완벽하게 이루어지지 못했기 때문이죠. 『사기』가 여러 사람의 손을 거쳐 전래되는 과정에서 다른 사람의 글이 들어가거나 빠진 부분이 있고, 실제로 그런 사실이 밝혀져 있습니다. 그러면 장장 1,100여 년을 걸쳐 필사된 『사기』는 꾸며낸 책, 위서일까요?

우리가 잘 아는 『장자莊子』는 어떨까요? 그 유명한 '호접몽'이나 '조삼모사' 같은 이야기가 여기에 들어있습니다. 이 『장자』를 놓고도 위서인지 아닌지 논쟁이 벌어졌습니다. 소동파蘇東坡는 『장자』 중 몇 편은 장자가 쓴 것이 아닐 것이라 합니다. 『장자』에 대한 진위 논쟁은 오늘날에도 여전히 해결될 기미가 보이지 않습니다. 학계에서는 보통 『장자』의 내편內篇은 장자의 저작이고, 외편外篇과 잡편雜篇은 후학의 작품일 것으로 추정합니다. 이처럼 『장자』에 대한 여러 시비가 있다고 해서 책 자체를 부정할 수는 없고 또 그렇게 하지도 않습니다. 그래서 2,500년이 지난 오늘에도 수많은 사람에게 감동을 주는 지혜의 책으로 자리 잡고 있습니다.

그 외에도 유명한 철학서인 『주역』은 태호복희씨에서 공자에 이르기까지 여러 사람의 손을 거쳐 완성되었고, 노자의 『도덕경道德經』은 왕필王弼이 덕경德經과 도경道經의 본래 순서를 뒤집어 재구성한 것입니다. 동양 의학의 성서인 『황제내경黃帝內經』은 황제헌원黃帝軒轅에 가탁하여 전국시대를 거쳐 한대漢代에 성립되었고, 불교 경전 『화엄경華嚴經』도 분리되어 있던 경전들을 수차례 결집하여 후대에 편집한 것입니다. 그럼에도 이들 문서의 가치를 부정하는 사람은 없습니다. 오랜 기간 첨삭되어 그 원본과 바뀐 내용을 구별하기 불가능하고, 위서라 판단하기도 어렵기 때문입니다.

『환단고기』로 돌아와서 같은 물음을 던질 경우 어떻게 대답해야 할까요? 『열자』도 『사기』도, 『도덕경』도 『화엄경』도 지금까지 전해지면서 원래 모습이 변했지만 누구도 그 가치를 부정하지 않습니다. 『환단고기』도 마찬가지입니다. 오랜 시간을 거쳐서 전해지면서 내용이 부분적으로 첨삭되었다 할지라도 『환단고기』를 위서로 몰아서는 안 됩니다. 올바른 역사학자들은 그 속에 담긴 소중하고 놀라운 진실한 역사를 밝혀낼 것입니다.

오성취루 현상을 천문학이 증명하다

왼쪽부터 화성·수성·토성·목성·금성이 모인 오성취루 상상도

『환단고기』의 『단군세기』에는 13대 흘달 단군 재위 50년 되던 무진년에 다섯 별이 28수宿의 하나인 루婁에 결집하였다는 기록이 있습니다. 이 무진년은 BCE 1733년입니다. 오성취루五星聚婁의 '취聚'는 모인다는 뜻이고 '루婁'는 동양 별자리 28수의 하나입니다.

1993년 서울대 박창범 교수가 이 '다섯 행성 결집[오성취루五星聚婁]' 현상을 컴퓨터 시뮬레이션으로 확인했습니다. 검증 결과를 담은 논문 「단군조선시대 천문현상기록의 과학적 검증」은 한국천문학회지에 실렸습니다.

한국천문연구원 원장을 역임한 박석재 박사는 과학역사소설 『개천기』에서 "오행현상과 같은 천문현상을 임의로 맞힌다는 것은 확률적으로 불가능하다. 따라서 우리 조상들은 천문현상을 기록으로 남길 수 있는 조직과 문화를 소유하고 있었음을 알 수 있다."라고 하여 단군조선은 천문대를 가진 고대 국가였다고 밝혔습니다.

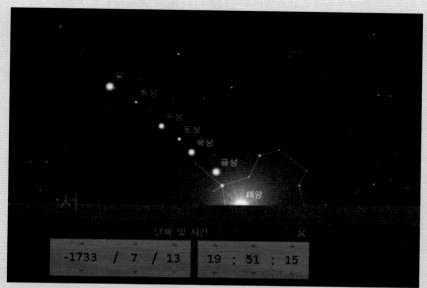

별자리 관측 프로그램 "스텔라리움Stellarium"에서 BCE 1733년 7월 13일로 설정한 천문 관측도 화성, 수성, 토성, 목성, 금성 다섯 행성이 일렬로 서 있는 것이 육안으로 관측된다. 『환단고기』가 기록한 오성취루 현상이 과학적으로 증명됨으로써 『환단고기』는 진서임이 더욱 분명해졌다.

또 박석재 박사는 "이 기록을 천문학적으로 확인하는 데 슈퍼컴퓨터 같은 대단한 장비가 필요한 것은 아니다. 천문 소프트웨어를 노트북에서 돌려봤는데 그 결과 BCE 1734년 7월 중순 저녁 서쪽 하늘에는 왼쪽에서부터 오른쪽으로 화성·수성·토성·목성·금성 순서로 오성이 늘어섰다. 특히 BCE 1734년 7월 13일 저녁에는 달과 해 사이에 오성이 주옥처럼 늘어섰다. 이 현상은 보름 이상 계속됐기 때문에 아무리 장마철이었다 하더라도 단군조선 천문학자들이 놓쳤을 리가 없다. 오성 결집은 실제로 일어났고 옛 기록이 옳다."라고 밝혔습니다.

과학적으로 입증되는 고조선의 천문 기록은 인류 역사상 최초입니다. 이처럼 천문대를 운영하며 남긴 기록은 고조선이 인류 천문학의 종주국임을 보여줍니다.

Chapter *3*

잃어버린
대한의 **혼**을
찾아서

참성단

참성단은 강화도의 대표적인 유적이며, 국내에 현존하는 '최고의 제천단'이다.
참성단은 제천문화가 오늘날까지 살아있음을 보여주는 유서 깊은 문화유산이다.
우리 민족은 이곳에서 단군조선부터 근세조선에 이르기까지 우주의 주재자이신
삼신상제님께 천제를 지냈다. 지금도 개천절에 상제님께 천제를 올리고 있으며
전국체전 때도 천제를 올리고 향로에 불을 지펴 칠선녀로 하여금 성화를 채화하
게 한다.

들어가는 말

나라마다 역사를 이끌어 온 민족정신이 있습니다.

미국에 개척정신이 있고, 영국에 신사도 정신이, 일본에 사무라이 정신이 있습니다. 그러면 우리나라의 민족정신은 무엇일까요?

인류 최초의 국가 환국에서 대한민국에 이르기까지 9천 년 역사를 이어오게 한 광명정신이 있습니다. 인류 뿌리 문화인 이 광명정신을 전 세계에 펼친 인류의 장손 민족이 우리 한민족입니다.

오랜 세월, 이 광명 정신을 펼친 원동력은 무엇일까요?

그것은 광명의 주체이신 삼신상제님을 모시는 신교입니다. 신교는 동방 한민족이 9천 년 역사를 지속할 수 있게 한 역사의 혼입니다. 이 신교 정신으로 무장하여 세상을 이롭게 하려는 무리를 배달시대에는 '삼랑三郎'이라 불렀습니다. 삼랑의 무리를 다른 말로 '낭가郎家'*라 합니다. 환국시대 말 환웅이 백두산으로 문명을 개척하러 나갈 때 동행한 '무리 3천 명'도 바로 이 낭가입니다.

> **낭가**
> 신교 정신을 실천하고, 신교를 바탕으로 새 문명을 열어 나라를 개창한 집단

배달시대의 삼랑은 고조선의 국자랑國子郎→ 북부여의 천왕랑天王郎 → 고구려의 조의선인皂衣仙人, 백제의 무절武節, 신라의 화랑花郎 → 고려의 재가화상在家和尙(선랑仙郎, 국선國仙) 등으로 계승되어 왔습니다. 이들은 평상시에 삼신상제님의 진리를 공부하고, 학문과 무예를 연마하였습니다. 심신을 수련하고 완전한 인격체가 되기 위해 노력한 것입니다. 그

러나 유사시에는 구국의 선봉에서 목숨을 바쳐 국난*을 물리쳤습니다.

이처럼 한민족의 낭가 제도는 시대를 달리하며 새 역사 개척의 원동력이자 추진력으로 면면히 계승되어 왔습니다.

국난
국가의 흥망에 관계되는 어려움

한민족과 인류의 창세 문화, 신교

1) 광명을 숭상한 한민족

『환단고기』에는 "환국시대 사람들은 아침이 되면 모두 함께 동산東山에 올라 갓 떠오르는 해를 향해 절하고, 저녁에는 모두 함께 서천西川으로 달려가 갓 떠오르는 달을 향해 절하였다."(『태백일사』 「환국본기」)고 하였습니다.

요즘에도 새해 첫날에 가족이 함께 산으로 바다로 가서 해맞이하는 광경을 볼 수 있습니다. 정월 대보름날에도 둥근 달을 보며 두 손을 모으고 소망을 기원하기도 합니다. 이것은 9천 년 전부터 하늘을 우러러 광명을 숭상한 민족문화입니다.

한민족의 삶의 근원에는 하늘을 섬긴 광명정신이 있습니다. 밝은 빛은 하느님이 자신의 모습을 드러내 보여주신 것이라 여기고 숭배했습니다.

그리고 그 광명의 주체가 실제로 계시는데 , 그분은 우주를 다스리시는 삼신상제님이시란 것을 알았습니다. 광명의 주체인 삼신상제님을 모시고 가르침을 직접 받은 뛰어난 영성문화가 있었습니다.

그것을 '신교神敎'라 합니다.

2) 신교의 뜻

신교神敎란 삼신상제님의 가르침으로 '나'와 '세상'을 다스린다는 뜻입니다.

환국-배달-조선의 삼성조 시대에 한민족 역대 통치자들은 삼신상제님께 천제를 올려 신교를 직접 받아 내렸습니다. 백성들은 그 뜻에 따라 삶을 누렸습니다.

신라 때 최치원 선생은 '난랑비 서문'에서 한민족 고유의 도가 있었다는 것을 밝혔습니다.

'우리 민족이 닦아온 본래의 현묘한 도는 유儒, 불佛, 선仙 삼교 정신을 모두 포함하는 풍류風流이다'라고 하여 기존 종교가 있기 이전에 이미 그것을 포함한 풍류가 있었다고 했습니다.

최치원 선생이 말한 '현묘한 도, 풍류'는 인류의 뿌리 문화인 신교입니다.

최치원崔致遠(857~?)
신라시대의 학자. 돌산
고허촌장 소벌도리의
24세손

3) 하나님의 본래 호칭, 삼신상제님

그러면 신교에서 모신 삼신상제님은 어떤 분일까요?

우리는 전래 동화나 드라마, 영화에서 하늘의 통치자를 옥황상제라 부르는 것을 흔히 보고 들었습니다. 이 삼신상제님, 옥황상제님을 줄여서 상제님이라 부릅니다.

상제上帝님은 하늘과 땅 사이에 꽉 찬 인간과 신의 삶과 죽음, 역사를 다스리시는 존귀하신 하느님의 본래 호칭입니다.

상제님에 대해 분명히 알려면 먼저 '삼신三神'에 대해 알아야 합니다. 대우주를 가득 채우는 광명(빛)은 곧 삼신입니다. 삼신은 신이 셋이라는 뜻이 아니라 상제님께서 만물을 낳고[조화造化], 기르고[교화教化], 다스리는[치화治化] 세 가지로 작용하신다는 뜻입니다.

삼신이 3수 원리로 현상 우주에 자신을 드러낸 것이 하늘과 땅과 인간입니다. 그래서 하늘, 땅, 인간은 모두 살아 있는 동일한 신이고, 삼신상제님의 지혜와 덕성을 우리 인간도 그대로 간직하고 있습니다.

4) 신교문화의 위대한 경전,「천부경」

한민족의 신교 문화에는 세 가지 위대한 경전이 있습니다.「천부경天符經」「삼일신고三一神誥」*,「참전계경參佺戒經」* 이 그것입니다.

「삼일신고」
배달의 시조 거발환 환웅이「천부경」을 바탕으로 백성을 교화하기 위해 지은 366자로 된 경전. 하나 속에 셋이 들어 있고(집일함삼) 셋이 모여 하나로 돌아가는(회삼귀일) 원리를 밝힌 신학서이자 인성론과 수행론의 정수를 담은 경전이다.

「참전계경」
배달 시대부터 내려오던 것을 고구려의 을파소가 기록했다. 완전한 인간이 되는 길은 삼신상제님께 일심을 다해야 한다는 것을 일깨우는 한민족의 윤리 교과서이다.

창세 이래 한민족은 우주의 주재자를 '삼신상제님' 또는 '상제님'이라 불러왔어. 하나님의 본래 호칭이 바로 '상제님'이야.

上帝 하나님을 한자로 쓰면 상제!

帝 하나님(제)

유불선 종교에는 사서삼경, 불경, 성경 등 경전이 있습니다. 「천부경」은 이러한 경전보다 6~7천 년이나 앞선 것입니다.

「천부경」은 9천 년 전 삼신상제님으로부터 직접 가르침을 받아 이루어진 인류 최초의 경전입니다. '천부天符'는 '하늘의 법'이라는 뜻입니다. 총 81자로 이루어진 「천부경」에는 삼신상제님의 가르침대로 나라를 다스리는 환국의 통치 방법이 담겨 있습니다. 또 자연과 하나 되는 인간 삶의 원리와 깨달음의 핵심이 담겨 있습니다.

「천부경」은 환국시대에 입으로 전하여 오다가 배달의 초대 거발환 환웅 때 신지神誌 혁덕赫德이 녹도문鹿圖文(상형문자)으로 기록하였습니다. 이것을 단군조선 때 신지神誌가 돌에 새겨 태백산에 세웠습니다. 그 후 통일신라 때 최치원이 이것을 발견하여 한자로 바꿔 세상에 전하고 묘향산 바위에도 새겼다고 합니다.

「천부경」은 일(一)부터 십(十)까지 수로 이루어져 있습니다. 하나(一)는 우주 만물이 태어난 생명의 자리이며 절대 유일자를 상징합니다. 하늘은 양의 근본인 일(一)이요, 땅은 음의 근본인 이(二)요, 인간은 천지의 합덕으로 생겨난 존재이므로 삼(三)을 상징합니다. '일적십거一積十鉅'에서 십十이라는 수에 분열의 선천 시대가 개벽 과정을 지나 통일의 후천 새 천지를 지향하는 이상이 담겨 있습니다.

또 우주가 돌아가는 이치를 '대삼합육大三合六'에서 알 수 있습니다. 만물이 태어나 변화해 가는 원리를 3수로 말하는 것입니다. 하늘의 변화도 3수 정신이고 땅의 변화도, 인간의 변화도 3수 정신입니다. 그래서 천지의 정신은 3+3인 6수로, 하늘과 인간의 정신도 6수로, 땅과 인간의 정신도 6

수로 나타냅니다. '중천지中天地'에서는 천지의 이치를 관통하여 궁극의 이상을 완성하는 가장 지극한 존재가 인간임을 말하고 있습니다. 바로 천지의 뜻을 이루는 태일인 것입니다.

이처럼 「천부경」에서는 인간을 가장 거룩한 존재로 정의합니다. 우리 민족은 깨달음을 얻고 신성한 인간으로 살아가고자 태고 시대부터 신성한 글귀인 「천부경」을 주문처럼 외우고 수행하였습니다.

「천부경」을 정성껏 읽으면 정신이 맑아지고 건강해지는 것을 체험할 수 있습니다.

5) 「천부경」이 낳은 하도와 낙서는 동서양 문명의 기초

「천부경」은 동양 문명에 깨달음의 역사가 열리게 한 뿌리이기도 합니다. 「천부경」을 처음으로 공부하고 하늘과 땅, 우주의 이치를 깨달은 분은 배달의 태호복희씨太皞伏羲氏입니

인간을 피조물이 아니라 천지로부터 대광명의 성령 기운을 받아서 사물을 보고 느끼고 판단하는 신령스러운 존재로 보는 것!

太 一

그게 신교 역사관이야!

다. 태호복희씨는 배달 5세 태우의 환웅의 막내아들입니다.

태호복희씨는 「천부경」에서 얻은 깨달음으로 천지 만물이 탄생하는 법칙과 우주가 나아가는 미래상을 밝힌 하도河圖를 그렸습니다. 천하天河(지금의 송화강)에서 용마龍馬의 등에 새겨진 무늬를 보고, 「천부경」에서 밝힌 1에서 10까지 수를 동서남북과 중앙에 배치하여 우주 공간이 순환하는 원리를 밝힌 것입니다. 하도는 한마디로 우주 창조의 설계도입니다.

『환단고기』에 따르면 복희씨는 동방의 성스러운 백두산에서 삼신상제님께 천제*를 올리고 하도를 내려 받았습니다.

그리고 「천부경」을 바탕으로 하여 나온, 또 다른 우주변화의 원리를 밝힌 그림이 있습니다. 4,300년 전 단군조선 초기, 중국의 순舜 임금 때 사공司空 우禹가 9년 홍수를 다스리던 중에 얻은 낙서洛書입니다.

『서경書經』「홍범洪範」 편을 보면, 우는 낙수洛水에서 올라온 거북의 등껍질에 새겨진 무늬를 보고, 당시 대홍수를 다스리는 데 성공했다고 합니다. 우가 보았다는 무늬가 바로 낙서입니다. 그런데 『환단고기』에 따르면 우는 단군조선의 부루 태자로부터 오행치수법五行治水法을 전수받아 9년 홍수

용마의 등에 그려진 하도河圖   거북의 등에 그려진 낙서洛書

를 해결하였습니다. 이 두 기록을 비교해 보면 낙서와 오행 치수법 사이에 밀접한 관계가 있음을 알 수 있습니다.

낙서는 9년 대홍수를 막으려 고심하던 사공 우의 정성에 하늘이 감복*하여 내려 준 계시입니다. 낙서도 「천부경」과 하도처럼 삼신상제님이 내려 주신 것입니다.

하도는 1에서 10까지 수로써 우주가 나아가려는 이상향을 그린 반면에, 낙서는 1에서 9까지 수로써 이상향을 향해 나아가는 과정을 그려 냅니다. 이렇게 음양 짝을 이루는 하도와 낙서는 동양 수학의 기초가 되었습니다.

감복
감동하여 충심으로 탄복함.

오늘날 인류의 지식과 지혜의 상징인 책을 보관하는 '도서관'이라는 말은 이 하도와 낙서에서 유래했습니다. 옛날 황실에서 하도와 낙서를 최고 보물로 여겨 이를 보관하는 장소를 하도의 '도'와 낙서의 '서'를 합해서 도서관이라 하였습니다. 인간 지혜의 출발점이 하도와 낙서이기 때문에 도서관이라 이름 지었을 것입니다.

낙서는 놀랍게도 멀리 서방 세계까지 전파되었습니다. 낙서를 연구한 미국 수학자 프랭크 스웨츠Frank Swetz는, 낙서가 서양에 전해져 마방진magic square이 생겼다고 합니다. 서양 수학의 밑바탕을 구축한 고대 바빌로니아, 그리스, 이집트 시대에는 마방진이 없었습니다. 그 후 6세기경에 인도에서, 9~10세기경에 이슬람에서 마방진이 쓰이기 시작했고, 유럽은 12세기 이후에 마방진을 사용했습니다. 서양의 마방진은 고대 서양 수학과 무관하게 출현한 것입니다. 낙서가 서양으로 가서 마방진이 된 것입니다.

5,500년 전 배달시대에 나온 하도도 고대에 서양으로 전파되었을 가능성이 높습니다. 하도 안쪽의 수를 합하면 10이 되는데(1+2+3+4=10), 안쪽의 수는 1에서 4까지로 이루어

져 있습니다. 피타고라스Pythagoras는, 낙서에는 없고 하도에만 있는 10을 '완전한 수'라 정의했습니다. 피타고라스가 생각해 낸 테트락티스를 이루는 수를 합하면 10이 됩니다.

4	9	2
3	5	7
8	1	6

마방진

하도와 낙서는 현대문명의 상징인 디지털 문명의 바탕이 되었습니다. 컴퓨터의 원리인 이진법을 창안한 라이프니츠G. Leibniz*는 당시 중국에 있던 선교사 부베J. Bouvet와 교환한 편지에서 64괘도를 알게 되었습니다. 그 후 자신이 개발한 이진법과 64괘의 구성 원리가 같다는 것을 깨달았습니다. 라이프니츠는 이진법이 수학에 새로운 광명을 열 것을 확신하였습니다.

라이프니츠
독일의 수학자, 물리학자, 철학자, 신학자 (1646~1716). 미적분법을 확립하여 큰 공을 세움

이와 같이 우주 수학의 근본이 되는 「천부경」에서 하도와 낙서가 나왔고, 동서 문명은 이 하도와 낙서에서 많은 영감을 받아 발전했습니다.

피타고라스(BCE 580?~BCE 500?)는 그리스의 철학자이자 서양 과학문명의 아버지라 불립니다. 연대로 보면 단군조선 후기 때 사람입니다.

피타고라스는 일찍이 이집트로 유학을 가서 23년간 수학하고, 바빌론에 12년을 머무르며 메소포타미아 문명도

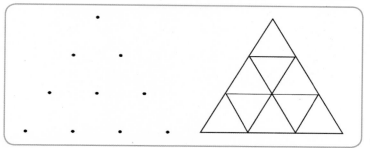

테트락티스 테트락티스tetractys는 점을 삼각형 모양으로 배열한 삼각수이고, 점의 개수는 1+2+3+4=10인 네 번째 삼각수가 된다. 피타고라스 학파에서 4는 '정의', '질서'를 상징하고 10은 '완성'을 의미한다.

익혔습니다. 또 인도를 거쳐 중국과 티베트까지 여행하면서 다양한 수의 이치를 알게 되었습니다. 피타고라스는 우주가 3수의 원칙으로 운행한다는 것에도 환히 통했습니다.

이집트와 메소포타미아 문명은 수메르 문명에서 나갔고, 수메르 문명은 환국에서 뻗어나간 것입니다. 동방의 수학이라 할 수 있는 낙서는 실크로드를 통해 이미 그리스에까지 전해졌습니다. 피타고라스는 신교문화의 우주수학(하도·낙서의 상수학)을 전수받아 서양 문명의 체계를 세웠을 것입니다. 그러므로 피타고라스가 동서양을 넘나들며 배운 문화와 사상은 동방의 신교문화와 관련이 있는 것입니다.

피타고리온 마을의 방파제 옆에 서 있는 피타고라스의 동상 그를 받치는 조형물에 '숫자 3은 우주의 중심수'라는 글귀가 새겨져 있다.

천자의 상징, 용봉 문화

천자는 온 우주를 다스리시는 상제님께 천제를 올리는 제사장이자 상제님을 대신하여 백성을 보살피고 나라를 다스리는 통치자이다. 천자를 상징하는 토템이 용봉龍鳳인데, 용봉은 천지의 음양 기운, 즉 천지의 물 기운과 불 기운을 다스리는 영물이다.

홍산문화 유적지에서 약 7,600년 전에 돌로 만든 용의 형상인 '석소룡'과 약 5,000년 전의 옥기인 'C자형 옥룡'이 발굴되었다. 뿐만 아니라 약 7,000년 전에 빚은 '봉황 모양의 토기'까지 발굴되었다. 동방 용봉 문화의 창시자는 중국 한족이 아니라 우리 한민족인 것이다.

그리스에 가면, 동방의 봉황을 연상시키는 전설 속 동물을 볼 수 있다.

바로 봉황 머리에 사자 몸뚱이를 한 '그리핀griffin'이다. 약 4,500년 전에 세워진 그리스 크레타 섬의 크노소스 궁전 벽화에 그리핀이 여러 마리 새겨져 있다. 또 피타고라스의 고향인 사모스 섬에 있는 바씨 박물관에 청동으로 만든 그리핀 조각이 한 방 가득 진열되어 있다. 동방의 용봉 문화가 멀리 지중해 연안까지 전파된 것이다.

그리핀

독립운동가들에게 나라를 되찾는 힘이 된 「천부경」, 「삼일신고」

일제강점기에 수많은 독립군과 애국지사가 목숨을 바치며 독립운동을 하였습니다. 숱한 고난과 희생이 있었지만 어떠한 어려움 앞에서도 독립 의지를 지탱하게 한 힘이 있었습니다. 그것은 한민족 9천년사를 이어온 광명 문화의 경전, 「천부경」과 「삼일신고」를 생활 속에서 늘 암송하는 데 있었습니다.

독립투쟁의 수장이라 할 수 있는 봉오동鳳梧洞 전투의 명장 홍범도 장군, 광복군 총영장總營長 오동진 장군 그리고 독립 운동가이자 정치가인 여운형 선생 등을 비롯하여 수많은 지도급 명사와 무명의 독립투사들은 천부경, 삼일신고를 배우고 익혀 가슴으로 암송을 했습니다. 「천부경」, 「삼일신고」를 적은 '독립군 수첩'도 남아 있습니다. 100여 년 전, 나라를 잃은 독립군은 낮에는 총을 들고 싸우고 밤에는 등불 아래에서 붓을 들고 나라의 혼을 지키기 위해 천부경과 삼일신고를 익히고 외웠던 것입니다. 선열의 고귀한 뜻을 이어받아 이제라도 「천부경」과 「삼일신고」를 생활 속에서 늘 암송해야 할 것입니다. 그것은 대한의 역사와 정신을 되찾는 자손으로서의 도리이며 진정한 대한 사람으로 살아가는 길이 될 것입니다.

「천부경」 찬天符經 贊

홍범도洪範圖
(여천汝千, 1868~1943)

하늘이 베풀고 땅이 굴러, 5와 7이 고리를 이루었다. 1이 쌓여 커지나 다함없는 셋이다. 1의 모습의 진실은 그 근본이 영생이로다. 크도다. 천부여. 만세의 보전이로다.(天施地轉 環成五七 一積而鉅 无匱而三 一像之眞 根核永生 大哉天符 萬世寶典)

여운형呂運亨
(몽양夢陽, 1886~1947)

태허 사이에 오로지 기운이 스스로 가득 차도다. 홀로 이 천부만이 만세의 양식과 같은 지식이 되니 양식이 없으면 굶주리고 지식이 없으면 졸렬해진다. 환웅의 천부경이여 우리 백성들을 족히 풍요롭게 하는구나.(太虛兩間 惟氣自盈 獨此天符 萬世糧 識 無糧而飢 無識而劣 桓雄天經 足富我民)

오동진吳東振
(송암松菴, 1889~1930)

하늘과 땅의 바른 기운이 배달을 만들었고 천부를 주어 가게 하니 장수들을 이끌어 주인이 되었다. 웅족과 호족이 교화받기를 원하니 평등하게 혼인을 허락하였다. 인간의 몸을 가탁하여 교화하신 덕은 홍익인간이 되어 널리 이롭게 하고자 한 때문이다.(乾坤正氣 創成倍達 授符遣往 率將而主 熊虎願化 平等與婚 假化之德 弘益人間)

이용담李龍潭
(독립운동가)

밝음을 숭상하는 고장에서 일제의 감옥에 갇히어 낭랑하게 「천부경」을 외운다. 가슴에 환한 달이 떠오르면서 스스로 도를 구하도다. 억만 번이나 읽어 가히 통하게 되니 조국의 독립은 천부의 정신으로 말미암도다.(崇明之鄕 倭獄之囚 朗誦天經 胸生霽月 求我之道 億讀可通 祖國獨立 天符精神)

전봉천全鳳天
(독립운동가)

「천부경」의 지음은 환웅으로 비롯하였다. 도에 극진하신 겸성께옵서 신으로써 진실되게 전하시었다. 문명의 빛남이 6천 년이니 환웅께서 6천 년을 받으심이여! 큰 가르침의 중심이시도다.(天符經作 肇自桓雄 道盡兼聖 存神眞傳 文明赫濯 年將六千 假哉桓雄 大敎權興)

출처:〈이유립,『대배달민족사』, 3권〉

무명의 독립군 사진에 「천부경」이 적혀 있다.
(사진 출처 : 안동신문)

신교문화의 수호자, 낭가

신교는 동방 한민족 역사의 혼입니다. 신교 정신을 실천하여 새 문명을 열고 나라를 개창한 사람들이 있었습니다. 이러한 한민족 '역사 개척의 집단'을 낭가郞家라 합니다. 독립운동가이자 역사학자인 단재 신채호 선생은 신교의 맥이 낭가라는 고유사상으로 이어졌음을 밝혔습니다.

낭가의 시초는 환국 말기에 환웅을 따라 백두산 신시에 이르러 배달을 세운 3천 명의 제세핵랑濟世核郞입니다. 낭가사상은 배달의 삼랑三郞에게 계승됩니다. 단군조선시대에는 이들을 국자랑國子郞 또는 천지화랑天指花郞이라 했습니다. 『환단고기』「신시본기」에는, 삼랑은 본래 삼신을 수호하는 관직인 삼신호수지관三神護守之官이라 하였습니다. 삼랑은 삼신을 모신 천신단을 숭고하게 받드는 인류 원형문화의 주인공이자 실천자였습니다.

유교사회 조선이 들어선 후에는 낭가의 명맥이 극도로 쇠잔해졌습니다. 그러나 그 정신은 민족의 역사의식 속에 깊이 뿌리 내려 '조선시대의 선비정신', '구한말의 동학과 의병운동' 등으로 끊임없이 표출되었습니다. 나라를 빼앗긴 일제시대에는 보천교를 통하여 그 정신을 지켜 나갔습니다.

이처럼 한민족의 낭가는 9천 년 역사 속에서 그 명칭은 바뀌었지만 새 역사를 개척하는 원동력이자 추진력이었습니다. 오늘날 낭가의 맥은 상제님의 진리 증산도를 통해서 이어지고 있습니다. 신교의 열매 진리 증산도로 계승된 것입니다.

신교문화는 어떻게 이어 왔는가

1) 신교문화의 핵, 천제天祭

주문을 외우고 수행을 하며 천지 대자연과 하나 되는 삶을 사는 영성문화는 하늘과 소통했던 제천행사에서 비롯되었습니다. 인류 문화의 근원을 추적하다 보면 저절로 천제天祭문화와 만납니다. 동서 4대 문명은 모두 제천행사를 중심으로 형성되었습니다.

『환단고기』를 보면 환국 이래 수천 년간 한민족은 하늘에 계신 상제님에 대한 믿음과 공경의 예식으로 천제를 올렸음을 알 수 있습니다. 천제를 올린 뒤에는 모든 백성이 한데 어울려 술 마시고 춤추며 노래하였습니다. 천제는 상제님께 천지의 뜻을 받들며 천지와 하나 된 삶을 살겠노라 맹세하고, 보은을 다짐한 가장 거룩한 행사입니다.

앞서 보았던 홍산문화의 총묘단 유적은 배달의 천제문화

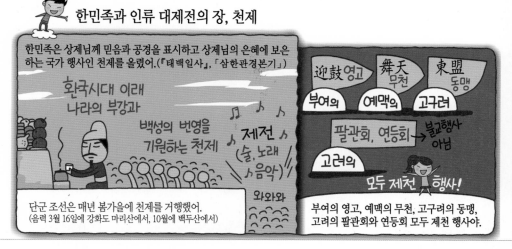

한민족과 인류 대제전의 장, 천제

한민족은 상제님께 믿음과 공경을 표시하고 상제님의 은혜에 보은하는 국가 행사인 천제를 올렸어.(『태백일사』, 「삼한관경본기」)

환국시대 이래
나라의 부강과
백성의 번영을 기원하는 천제
♪제전♪
(술, 노래
♪음악♪)
와와와

단군 조선은 매년 봄가을에 천제를 거행했어.
(음력 3월 16일에 강화도 마리산에서, 10월에 백두산에서)

迎鼓 영고   舞天 무천   東盟 동맹
부여의   예맥의   고구려

팔관회, 연등회 → 불교행사 아님

고려의   모두 제천 행사!

부여의 영고, 예맥의 무천, 고구려의 동맹, 고려의 팔관회와 연등회 모두 제천 행사야.

를 증명합니다.

　배달의 정신을 이어받은 고조선의 역대 단군 성조들도 매년 봄가을에 천제를 올렸습니다. 음력 3월 16일 대영절大迎節(삼신상제님을 크게 맞이하는 날)과, 음력 10월 3일에 천제를 봉행하였습니다. 이 천제문화가 부여에서는 영고迎鼓, 동예에서는 무천舞天, 고구려에서는 동맹東盟으로 이어져 왔습니다.

　고려 때 국가 최고 의식인 팔관회와 연등회도 천제문화에서 유래하였습니다. 이러한 천제문화는 근세조선 초까지 이어졌습니다. 그러나 조선 초에 이르러 명나라가 천자국을 자처하며 조선 왕에게 천제를 올리지 못하게 하자, 조선의 천제는 기우제 또는 초제醮祭(하늘의 별을 향해 올리는 제사)로 격이 낮아졌습니다.

　이처럼 수백 년 동안 사라졌던 천제문화가 부활한 것은 1897년, 고종 황제 때였습니다. 고종 황제는 원구단圓丘壇을 설치하고 상제님께 천제를 올려 만천하에 황제 등극을 알리며 '대한제국大韓帝國'을 선포하였습니다. 고종 황제는 천자국의 위상을 되찾으려 한 것입니다.

　그러나 일제는 하늘과 소통한 고귀한 제천문화가 남아있

서울 원구단 옆에 세운
황궁우

황궁우 내부에 모신
'황천상제' 위패

던 원구단을 무너뜨리고 그 자리에 호텔(현 웨스턴조선호텔)을 지어 고귀한 정신문화를 말살하였습니다. 지금은 상제님의 위패를 모시는 황궁우만 초라하게 남았습니다.

천자天子는 우주를 주재하는 상제님을 대신하여 나라를 다스리는 통치자입니다. 천자는 상제님께 제를 올리는 제사장으로 상제님의 가르침을 받아 내려 백성을 보살피고 나라를 다스렸습니다.

우리나라는 상제님께 천제를 올리고 상제님의 뜻에 따라 나라를 통치한 천자국天子國이었습니다. 천자의 맥은 환국의 1세 환인천제 이후 대대로 한민족의 통치자들에게 이어졌습니다.

중국은 우리나라에게 문화를 전수 받은 제후국이었습니다. 그러나 이러한 역사 콤플렉스를 극복해 보려고 진시황 이후 스스로 황제라 칭하며 천자국을 흉내 내었습니다. 중국이 우리 역사를 왜곡하는 것은 천자국이라 우기기 위한 역사조작인 것입니다.

그러나 우리의 뿌리 역사 시대를 보여주는 홍산문화에서 동이족이 천자문화의 주인이었음이 이미 밝혀졌습니다.

천자는 신령스러운 영물인 용과 봉황으로 상징됩니다. 용

삼신상제님을 천제라고도 해.(『환단고기』)

천제
(天帝)

지상의 통치자
천자는 '천제지자天帝之子'의 줄임말.

천제의 아들:
천자(天子)

은 천지 물의 조화를 다스리고 봉황은 불의 조화를 다스립니다. 중국은 자신들이 용봉문화의 주인임을 자처하였습니다. 그러나 중국이 가장 오래되었다고 자랑하는 '중화제일용中華第一龍' 이전의 용봉 유물이 홍산 유적에서 발굴되었습니다.

(제천문화) 환국에서 출발하여 메소포타미아 평원에 도착한 수메르인은 기원전 3000년경 이래 거대한 지구라트를 쌓고, 신전을 세워 하늘에 제사를 지냈어. (인공으로 산을 쌓음)

피라미드 유적: 몽골, 만주, 티베트 등

그리스의 오벨리스크: 소도문화와 같음
유럽의 나무 숭배 신앙은 동북아의 소도문화와 같이신과 소통하기 위한 성스런 행위였어.

← 솟대의 기능

원래는 피라미드의 평평한 꼭대기에서 천제를 지냈어.

(제천문화) 북미의 인디언 유적지, 멕시코의 톨텍 문명과 아스텍 문명유적지, 중앙아메리카의 마야 문명 유적지 등

(제천문화) 지구라트는 기원전 2700년경, 문자와 원기둥 건물 양식 등과 함께 →)이집트의 피라미드가 되었어.

(삼신문화) 중남미 인디언의 고수레 풍습도 멕시코시티의 국립 인류학 박물관에 소장된 삼발이 그릇도 중남미 삼신문화의 한 증거야.

(제천문화의 변형) 일본의 신사 문화, 즉 신도는 신교문화의 변형이야. 삼신상계님을 모시는 제천 풍속이 일본에 전해져 신사 문화가 된 것.

일본 구마노 신사, 이즈모 신사

바위 보도 삼세판인 거 알지?
가위
더 자세한 내용은 한단고기 책에!

전 세계로 전파된 천제문화
동이족의 천제문화는 일찍부터 중국 땅에 전파되어, 중국의 역대 왕들도 천제를 봉행했습니다. 『사기』의 「봉선서封禪書」는 춘추 시대까지 72명의 중국 왕이 산동성에 있는 태산에 올라 천제를 지냈다고 전합니다. 춘추 시대 이후 진시황, 한무제 등도 태산에서 천제를 봉행하였습니다. 동북아의 천제문화는 이 밖에도 요나라, 금나라 등 북방 민족과 일본 그리고 중동 및 아메리카 등 동서양 세계 곳곳으로 전파되었습니다.

2) 신교의 두 가지 DNA

인류는 상제님을 모시며 하늘과 소통한 신교문화를 생활 속에서도 그대로 펼쳤습니다. 그 대표적인 표현 방식이 삼신(3)과 칠성(7) 문화입니다. 삼신과 칠성 문화는 하늘의 유전자를 그대로 닮아 하늘의 자녀로 살아가려는 인류의 모습이었습니다.

삼신문화

우주와 자연을 구성하는 단위는 전부 3으로 되어 있습니다. 3은 만물의 변화를 일으켜 전체를 완성하는 데 필요한 최소한의 수입니다. 삼수는 양(1)과 음(2)이 결합하여 만물이 서로 화생化生하는 새로운 탄생을 상징합니다.

우주를 구성하는 삼재三才는 하늘, 땅, 인간이 3수이고, 물질의 기본인 원자를 구성하는 요소도 양성자, 중성자, 전자 셋으로 이루어져 있습니다. 빛과 색깔을 이루는 기본도 삼원색입니다. 우리 몸도 머리, 몸통, 팔다리 셋으로 되어 있고 팔이나 손이 움직이려 해도 세 마디가 되어야 가능합니다.

약 2,500년 전, 서양 과학문명의 아버지라 불리는 피타고라스Pythagoras도 "3은 우주의 중심수다."라고 말했습니다.

이처럼 3수 문화는 우주만물이 삼신의 원리로 이루어졌다는 것을 이해하는 코드가 됩니다.

신교의 삼신사상은 9천 년 한민족사에서 국가를 경영하는 제도의 바탕이 되었습니다. 배달시대의 풍백, 우사, 운사 삼백제도, 고조선시대에 나라를 셋으로 나누어 다스린 삼한 관경제, 조선시대 삼정승 제도가 모두 삼신사상에서 비롯한 것입니다.

삼신사상은 한민족 생활문화 곳곳에 깃들어 있습니다. 예로부터 우리는 자연스럽게 3수를 좋아하였습니다. 3수로 구성된 것은 어떤 것이 있을까요?

가위바위보도 삼세판이고, 여러 사람이 자주하는 게임인 3.6.9 게임도 3수와 연결됩니다. 음양의 이치로 끊임없이 순환하는 태극을 삼태극으로 그리기도 하고 아이를 점지하는 삼신할머니에도 3이 들어갑니다. 「천부경」의 기본은 3수, 태양의 수호신 삼족오 다리도 3개, 아리랑도 3박자입니다. 이렇게 숫자 3과 얽힌 우리 문화는 매우 많습니다.

각 종교의 가르침에도 모두 삼신문화가 있습니다. 기독교에는 성부, 성자, 성령 삼위일체가 있습니다. 유교에는 무극, 태극, 황극이라는 삼극사상이 있습니다. 불교에는 법신불, 보신불, 화신불이라는 삼불사상이 있습니다. 도교에는 옥청, 상청, 태청이라는 삼청사상이 있습니다. 힌두교에도 브라흐마, 비슈누, 시바라는 삼주신이 있습니다.

왜 다른 시대, 다른 장소에서 생겨난 종교의 가르침이 하나같이 삼수 원리로 되어 있을까요?

그것은 바로 환국 시절부터 내려온 삼신의 가르침을 뿌리로 해서 생겨난 줄기 문화이기 때문입니다. 시대와 장소는 다를지언정 각 종교 교리의 핵심에는 '삼신'의 가르침이 담겨 있습니다.

칠성문화

신교문화에서는 하느님을 삼신상제님으로만 모시지 않고 칠성님으로도 모셨습니다.

칠성이란 밤하늘을 수놓은 많은 별 가운데 북녘 하늘에 있는 북두칠성을 말합니다. 칠성은 우주를 통치하시는 삼신상제님이 계시는 별입니다. 동방 한민족은 약 만년 전부터 이것을 알았습니다.

칠성에 계신 삼신상제님께서는 인간의 무병장수와 생사화복, 영원불멸, 도통道通과 깨달음을 주관하십니다. 예로부터 우리 할머니들이 정화수를 떠놓고 자손의 건강과 행복을 기도하고, 고인돌에 칠성을 그리고, 죽은 사람이 들어가는 관 바닥에 칠성판七星板을 깐 것은 모두 칠성문화입니다. 대표적 민속놀이인 윷놀이에서도 칠성문화를 볼 수 있습니다.

배달의 치우 천황 때 국사國師를 지낸 자부선사紫府仙師는 윷놀이를 만든 분입니다. 윷놀이는 북두칠성이 북극성을 중심으로 돌아가는 모습을 본떴다고 합니다.

한민족 고유의 상투도 북두칠성과 관련이 있습니다. 상투란 한자어로 '상두上斗'이고, '두'는 하늘의 북두칠성을 뜻합니다. 인간이 머리 위에 상투를 틀어 동곳을 꽂은 것은 '나에게 사람의 몸을 내려 주신 조화주 상제님과 한마음으로 살겠다'는 약속입니다.

한민족 신앙의 중심에 있는 북두칠성

전 세계 놀이문화의 원형 윷놀이

윷놀이는 우주적이고 종교적인 철학도 담고 있다. 윷판은 천지가 들어있는 작은 우주이고, 둥근 바깥은 하늘이고 모진 안쪽은 땅이다. 그래서 하늘이 땅을 둘러싼 모습이다. 또 중앙의 한 점을 중심으로 해서 벌여 있는 28개의 별자리를 나타내기도 한다. 미국의 세계적인 민속학자 스튜어트 컬린은 "한국의 윷놀이는 전 세계에 존재하는 수많은 놀이의 원형이다."라고 하였다.

극한에너지를 지닌 우주선이 북두칠성 근처에서 나온다는 사실을 100여 년 만에 규명했다.(2014.7.9 YTN 사이언스 투데이 기사) 극한에너지가 나오는 우주 영역은 붉은색 지점으로 큰곰자리의 북두칠성 근처로 확인됐다.

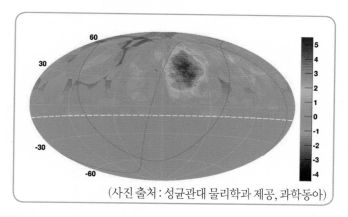

(사진 출처 : 성균관대 물리학과 제공, 과학동아)

삼신문화와 칠성문화

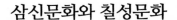

인간에게 육신을 내려 주는 북두칠성은
삼신상제님이 계시는 별이야. (고상옥황에 계심)
상제님은 천지와, 우주의 다섯 성령(오행:
목화토금수)을 다스리셔.

고상옥황에 상제님이 계심

인간의 무병장수, 생사화복, 영원불멸,
도통과 깨달음을 관장하심.

내 마음은
늘 상제님께 …

상투란 본래 '상두'야.('상두'는 북두칠성)
상투를 튼 이유는 상제님과 내 마음을
늘 맞추기 위해서지.
상투에는 신교의 혼이 담겨 있어.

인간은 칠성 기운을 받아서 육신을 갖고
사물을 인식해.

본래는 북두구진으로 천상에 원 하나님 별과
그 아들 별이 있어서 아홉 개야. **사람의 생리기관도
두 개가 은밀하게 숨어 있는데, 그것을 구규라고 해.**
(아홉 구멍)

정화수를 떠놓고
칠성님께 기도하는
것도 칠성문화이고

칠성님께 기도

요한
계시록   일곱 성령

「요한 계시록」 '일곱 성령'도
7수 문화가 전해진 것이고,

윷놀이도 칠성문화야.

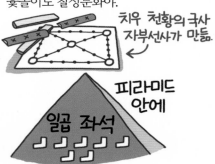

치우 천황의 국사
자부선사가 만듦.

피라미드
안에

일곱 좌석

북미에 인디언 문화의 피라미드
안에 신관 일곱 명의 회의 좌석도
모두 7수 문화가 전해진 거야.

상투를 틀어서 칠성에 계신 광명의 주인인 상제님과 늘 삶의 주파수를 맞추었던 것입니다.

그동안 상투를 트는 것은 결혼을 하여 어른이 된 표시라 들었을 겁니다. 그러나 상투의 본래 의미는 이처럼 상제님과 소통한 생활 속의 신교문화입니다.

상투는 지구촌 곳곳으로 뻗어 나갔습니다. 동아시아 남방의 인도, 태국, 말레이시아 등에는 특히 상투문화의 흔적이 많이 남아 있습니다. 자세히 보면 석가모니 부처도 상투를 틀었습니다. 인도에서 불도를 닦은 사람은 모두 상투를 틀었습니다. 2천 년 이전 제사장들이 깔때기 모양의 긴 모자를 쓴 것을 지구촌 전역에서 볼 수 있습니다. 모두 머리를 틀어 올린 뾰족한 상투임을 알 수 있습니다. 이처럼 인류는 신교를 생활화하며 상제님의 자녀로 살려 했습니다.

요즘 젊은 여성들 사이에 상투처럼 뒷머리를 틀어 묶는 것이 다시 유행하는 것은 흥미로운 현상입니다.

옥으로 만든 상투용 옥고
인류 최초 문명인 홍산 문명에서 한민족 고유의 두발 양식이 상투임을 확인할 수 있다.

아카드 사르곤 2세

상투를 튼 석가모니

상투

인도 나가르쥬 출토 / 마투라시 주립박물관

서양으로 건너간 삼신·칠성 문화

서양 문명은 여러 측면에서 동양 문명과 대조되지만 그 근본은 동방의 삼신·칠성 문화에 뿌리를 두고 있습니다.

환국 문화를 전수받은 수메르인은 지금의 이라크 남부로 가서 20여 곳에 도시국가를 세웠습니다. 4,300년 전 사르곤 왕은 수메르 초기 왕조의 혼란을 끝내고 메소포타미아 전역을 통일하여 아카드 제국을 건설하였습니다.

수메르 유물에 등장하는 사르곤 왕이 들고 있는 과일나무의 중심 줄기가 세 개이고 열매도 세 개입니다. 그리고 왕 앞에 있는 생명나무도 본줄기는 세 개씩이고 열매도 세 개씩 매달려 있습니다. 이것은 동방 환국의 3수 문화가 흘러들어간 것입니다.

수메르 문명의 맥을 이은 기독교 『구약성서』에서는 천지 창조가 7일 만에 이루어졌다고 하고, '일곱 개의 금 촛대', '하나님의 일곱 성령' 등 곳곳에 7수가 등장합니다.

사르곤 왕의 부조상

인디언의 삼신·칠성 문화

삼신·칠성 문화는 저 멀리 태평양을 건너 아메리카 인디언 문화에도 흔적을 남겼습니다. 그 대표적인 것이 고수레* 풍습입니다. 인디언은 옥수수나 과일로 만든 발효주 치차를 마시기 전에 손으로 세 번 찍어 대지에 뿌립니다. 중남미 인디언이 밥을 먹기 전에 음식을 손으로 떼어서 세 번 던지는 풍습은 스페인 정복자들이 남긴 기록에도 나와 있습니다.

고수레
농부들이 들에서 점심을 먹을 때 먼저 음식이나 술을 떠서 땅에 던지면서 '고수레(고시례)' 하고 외치는 풍속으로 농사법을 개발한 고시씨高失氏를 기리는 제사에서 유래한 것으로 알려져 있다.

이런 문화는 북미 인디언 풍속에도 생생히 남아 있습니다. 인디언들은 윷을 신의 뜻을 묻는 종교의식에도 사용하였다고 합니다. 이것은 윷놀이로 농사의 풍흉을 점치던 우리 농가의 풍습과 흡사합니다.

이처럼 9천 년 전 환국 이래 삼신상제님을 받들어 온 삼신·칠성 문화의 자취를 지구촌 곳곳에서 찾아 볼 수 있습니다.

3) 신교의 쇠퇴와 동서 종교문화의 탄생

앞에서 살펴보았듯이 신교는 인류 문화의 모태이자 생명의 젖줄이요, 뿌리 문화입니다. 나무로 볼 때 뿌리에서 흡수한 양분은 줄기와 가지 끝으로 올라갑니다. 그리고 가지 끝에서 화려하게 꽃을 피운 뒤에 열매를 맺습니다. 인류의 역사와 문화도 마찬가지로 뿌리에서 멀어지면서 화려하게 꽃을 피운 뒤에 열매를 맺습니다.

신교*에서 펼쳐져 나간 유·불·선·기독교는 제2의 신교로서 줄기 문화라 할 수 있습니다.

인디언 추장의 깃털 모자
인디언 모자에 꽂힌 77개의 깃털은 신교의 칠성신앙이 북아메리카로 전파되었음을 보여준다.(미국 워싱턴DC 스미소니언 박물관 소장)

신교
삼신상제님의 가르침이라는 뜻. 상고시대 우리 조상들은 삼신상제님을 받들며 그 가르침대로 살았다.

신교문화에서 인식한 신神의 세계

사람이 죽으면 어떻게 되는지, 사후세계는 어떤 모습인지 명쾌하게 밝힌 진리는 아직 없었습니다. 그래서 누구나 한 번쯤은 다음과 같은 질문을 합니다.

"사람이 죽으면 어떻게 될까? 정말로 영혼이 있을까?"

상제님과 천지신명, 조상님을 받들던 우리 선조들은 신교의 세계관으로 신의 세계를 들여다보았습니다. 그래서 우리나라 속담이나 생활언어에는 영적 세계와 귀신에 관련된 것이 많습니다.

"귀신이 곡할 노릇이다."
"먹고 죽은 귀신 때깔도 곱다."
"저 사람 귀신같다."(귀신같이 잘 알아맞힌다.)
"원한이 구천에 사무친다."
"신명난다."
"혼비백산하다."

우리 민족은 인간 세계인 이승과, 인간이 죽어서 영혼으로 살아가는 저승이 있다는 것을 알고서 자연스럽게 언어로 표현한 것입니다.

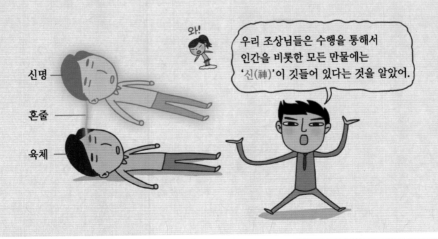

와!

신명
혼줄
육체

우리 조상님들은 수행을 통해서 인간을 비롯한 모든 만물에는 '신(神)'이 깃들어 있다는 것을 알았어.

사람이 죽으면 끝이 아니라 영적 존재인 신명으로 태어나 살아가는 천상 신명세계가 있습니다. 죽은 후에 새로 태어난 신의 본성이 밝기 때문에 '신명'이라는 말에 밝을 명明 자를 붙인 것입니다.

그러면 인간의 삶과 죽음이란 무엇일까요?

사람이 지상에서 살다가 생을 마감하면, 혼은 육신을 떠나 천상에 올라가 신명으로서 새로운 삶을 삽니다. 마치 매미가 허물을 벗듯이 육체를 벗어나서 천상 신명으로 태어나 제2의 삶을 사는 것입니다.

역사 속에 살다 간 모든 인물은 천상에 조상 선령신으로 존재합니다. 사람은 육신이 있는 사람이요, 신명은 육신이 없는 사람입니다. 이것이 인간의 삶과 죽음의 실상입니다. 이 우주에는 동전의 양면처럼, 눈에 보이는 인간 세계와 보이지 않는 신명 세계가 공존합니다.

우리 민족은 예로부터 이런 사실을 잘 알았기에 조상 제사를 지극한 정성으로 모신 것입니다.

제1의 보호신은
각자의 조상님

Chapter 4

동방 땅에
오신
삼신상제님

백두산

동방 한민족은 9천 년 전부터 광명을 숭상해 왔다. 한민족은 백두산에서 광명의 주인이신 삼신상제님께 천제를 올리며 하늘의 광명을 지상에 펼쳤다.

이제 우주의 가을철을 맞아, 잃어버린 역사의 뿌리를 되찾고 인류의 광명문화를 다시 열어 열매 문화를 내시기 위해 상제님이 동방 땅에 직접 오셨다.

들어가는 말

나무는 자연이 변화해 가는 모습을 가장 잘 보여줍니다. 나무는 뿌리에서 물과 양분을 흡수하여 줄기를 형성하고 꽃을 피우며 잎을 무성히 낸 다음에 열매를 맺습니다. 인류 문화를 나무에 비유해 보면, 신교는 나무의 뿌리에 해당합니다. 그래서 신교문화를 시원문화 또는 원형문화라 합니다.

신교에서 뻗어 나간 줄기 문화는 각기 동서양 문화의 중심이 되어 발전해 왔습니다. 인류 문화에서 매우 중요한 위치를 차지하는 종교문화는 실로 문화의 꽃이라 할 수 있습니다. 전 세계 유명 관광지나 유적지를 보면 종교 건물 아닌 곳이 없습니다. 성당, 사원, 탑, 동상, 신전, 제단 등이 거의 모두 종교문화에서 나온 유산입니다.

종교의 발전에 따라 의복, 예악, 음식, 건축, 인쇄 등 거의 모든 문화 영역이 함께 발달하였습니다. 인류 역사는 종교를 빼놓고는 도무지 설명이 안 될 정도입니다. 이처럼 줄기 문화의 중심이 된 종교는 어떤 가르침을 전할까요?

줄기 문화의 중심이 된 종교의 핵심 가르침

    같은 부모에게서 태어난 자녀들은 개성과 재능이 서로 달라도 그 모습과 성격은 닮습니다. 모체 종교인 신교에서 뻗어 나간 기성 종교의 가르침도 그렇습니다. 줄기 문화를 펼친 성자들의 가르침은, 신교라는 뿌리에서 멀어지는 인류에게 '신교 회복'을 강조한 점이 서로 같습니다. 문화권과 언어권에 따라서 표현이 다를 뿐입니다.

    기존 종교들은 신교의 주인이신 우주의 조화주 하느님, 삼신상제님이 계신다는 것을 밝혔습니다.

    유교에서는 하늘의 주인을 '상제上帝님'이라 부릅니다. 유교의 가르침은 본래 천명天命의 주재자인 상제님을 받드는 것이었습니다. 유교 경전인 『주역周易』, 『시경詩經』, 『서경書經』 등을 보면 모두 천명天命 사상의 근원인 '상제님의 가르침'을 전하고 있습니다. 『서경』에는 4,300년 전에 요임금과 순임금이 상제님께 천제를 올렸다는 기록이 있습니다.

    그러나 공자의 제자들이 스승의 언행을 기록한 『논어論語』는, 하늘을 인격이 느껴지는 '상제천上帝天'이 아니라 단순한 '우주의 이치'로 인식하게 했습니다. 그리하여 유교가 본래 갖고 있던 신교의 '인간적이고 정감 있는 상제님'을 잃어버렸습니다.

    불교에서는 대우주의 중심이 되는 하늘을 '도솔천兜率天'이라 하고 그 도솔천 천주天主님을 '미륵彌勒님'이라 합니다. 그래서 우주의 절대자를 미륵불彌勒佛이라 부르고, 미륵부처상

금산사 미륵전 미륵불
우리나라에 미륵불 신
앙을 대중화시킨 진표
율사가 신라 경덕왕 21
년(762)에 창건했다.

면류관
제왕이 정복에 갖추어
쓰던 관

1906년판 신약전서
하느님을 상제上帝로
번역하였다. 예로부터
동양에서는 하느님을
'상제님'으로 불렀기 때
문이다.

을 세우고 미륵신앙을 하였습니다. 미륵불은 앉아서 마음
만 닦는 것이 아니라, 직접 중생의 삶 속으로 들어가서 구제
하시는 미래의 부처로 알려져 있습니다. 미륵불상이 머리에
관을 쓴 것은, 면류관*을 쓰고 우주를 다스리시는 통치자의
모습을 나타냅니다.

그러나 오늘날 불교는, 미륵은 석가모니의 당대 제자로
잘못 알고 있습니다. 그래서 미륵이 우주의 통치자이심을
알지 못하게 되었습니다.

기독교는 우주의 절대자를 '아버지 하나님'이라 부릅니다.
『신약성경』을 보면 예수 성자는 자신을 '하느님의 아들',
'사람의 아들(人子)'이라 했습니다.

'내가 바로 하느님'이라 말한 구절은 성서 어디에도 없습
니다. 예수 성자는 처음부터 끝까지 '하늘에 계신 우리 아버
지'를 외치고 '이 우주의 중심에 온 하늘땅을 다스리시는 아
버지 하나님이 계신다. 그 아버지를 증거하러 왔다'고 했습
니다.

그러나 지금은 '아버지가 아들로도 올 수 있다'는 교리 해
석으로 말미암아 '아버지 하나님이 곧 예수'라 인식하게 되
었습니다. 인류를 구원하러 아버지가 오시는 것이 아니라
예수가 재림한다는 설로 바뀌어 버린 것입니다.

각 종교에서 우주의 절대자를 상제님, 미륵부처님, 아버지
하나님으로 불러왔습니다. 그러나 문화가 달라서 호칭이 다를
뿐 절대자 한 분을 가리킵니다.

이처럼 성자들은 하나같이 가르침의 결론으로, 인류가 꿈꾸
던 열매 문화가 장차 열릴 것을 알렸습니다. 그것은 신교의 주
인이신 상제님이 직접 인간으로 오신다는 놀라운 소식입니다.

유교 경전 중에서 우주변화 이치를 밝힌 『주역周易』은 '제

신교에서 뻗어나간 유교, 불교, 도교
신교는 세계 곳곳으로 퍼져 나가 여러 종교 문화의 바탕이 되었어.

신교에서 나온 유교
공자는 동이족 인물들에게 가르침을 받아 자신의 사상을 확립했어.(동이족 스승: 담자, 사양, 노담)
공자가 이상 사회의 모델로 삼은 주나라에서는 삼신상제님을 신앙하였고, 하늘을 인격적인 존재로 여겼어.

동이족 스승님!
공자

오 냐

관제, 문헌 / 담자
거문고 / 사양
예를 가르침 / 노담

공자는 '제출호진(帝出乎震): 상제님이 동방에서 출세하신다' 라는 말을 할 정도로 천지를 꿰뚫고 있었어.(『주역』, 「설괘전」)

신교에서 나온 불교
석가모니는 동이족의 한 계열이야.
석가모니의 성(석가, 구담, 사이(舍 夷), 감자, 일종) 중에 '사이'라는 성은 동이족의 계열임을 암시해.

'사이'라는 성은
夷 내가 동이족 계열이라는 의미야.
난 태양족의 후예라오!

모든 종교의 뿌리는 신교야!
와

신 교
(유불선 삼도를 낳은 인류의 시원종교)

신교에서 나온 동선(東仙), 도교
(도교의 시조는 황제헌원과 노자)
시조1, 황제헌원은 동방의 큰 스승인 자부선사에게 '삼황내문'을 받고 깨달음을 얻어 도교의 시조가 되었어. ('포박자') 자부선사는 치우 천황의 국사였지.

지극한 정성으로 수련하라
황제 헌원
네! 스승님
삼황내문
자부선사
배달시대 치우 천황의 국사

시조2, 노자는 동이족 사람. 공자에게 예를 가르쳐 준 스승 '노담'이 바로 '노자'야.

네, 동이족 스승님!
공자
나의 제자야!
노담=노자

도교에서 옥황상제님을 모신다는 사실은 신교에서 도교가 나왔음을 입증하는 것!

신교에서 나온 서선(西仙), 기독교
기독교는 유대문명에서 나온 것이고 유대문명은 수메르 문명에서 갈라져 나간 것이야.

아브라함
유대
수메르
환국
기독교

(수메르의 갈데아 우르에 살던 아브라함이 새로운 터전을 찾아 떠난 것이 유대문명의 출발점이야.)

우리는 오직 여호와! 다른 신들은 필요없어!
야훼
어 험
씨름에서 진 엘
웬 굴욕

원래 아브라함 부족은 다신을 숭배하였으나 손자 야곱이 '엘'신과의 씨름에서 이긴 후, 야훼를 유일신으로 섬기게 되었어.

출호진帝出乎震'이라 하여, '하느님(帝)이 동방(震) 땅에 친히 오신다'고 선언하였습니다. 또 '성언호간成言乎艮'이라 하여 '동북방(艮)에서 동서의 모든 깨달은 자들의 말씀(言)이 완성된다(成)', '동방에 오시는 상제님의 진리로 모든 성자의 가르침과 이상이 실현된다'고 전하였습니다.

간艮은 방위로 동북방이고, 한반도를 가리킵니다. 간방에 있는 우리나라는 인류 문명이 최종 결실하는 중심 자리입니다.

불교 경전인 『미륵경彌勒經』을 보면, 석가 부처가 죽기 전에 아들 라훌라와 수석 제자 가섭을 포함한 10대 제자를 불렀습니다. 그리고 도솔천을 가리키며 중대한 선언을 했습니다. "앞으로 말법末法시대(석가 사후 3천 년)가 되면 도솔천 천주이신 미륵부처님이 인간으로 오시는데 너희들은 그분을 만나서 열반에 들어라."라고 한 것입니다. 불교에서 가장 권위 있는 경전인 『화엄경』은 "미래의 부처요 구원의 부처인 미륵불께서 바다에 둘러싸인 동방의 나라에 강세*하신다." 고 전합니다. 삼면이 바다에 둘러싸인 나라는 바로 우리나라입니다. 석가 부처는 미륵불이신 상제님이 지상에 용화낙원(꿈의 지상낙원)을 건설하기 위해 우리나라에 오신다는 놀라운 소식을 전하였습니다.

기독교 성경을 보면, 예수 성자는 이렇게 말했습니다.

내가 스스로 온 것이 아니로다. 나를 보내신 이는 참이시니 너희는 그를 알지 못하나 나는 아노니 이는 내가 그에게서 났고 그가 나를 보내셨음이니라. (『요한복음』)

또 『신약성경』의 마지막 장인 「요한계시록」을 보면 천상

강세
신이 인간으로 태어나심

보좌에 계신 하느님께서 요한에게 이렇게 선포하십니다.

나는 장차 올 자요, 전능한 자라. … 보라! 내가 만물을 새롭게 하노라.

기독교의 결론은 예수 성자가 다시 오는 것이 아니라, 아버지 하나님이 직접 오셔서 새 하늘 새 땅을 여신다는 것입니다.

이처럼 동서양 성자들이 전한 가르침을 보면 그 결론이 한결같이 천상에 계신 상제님이 동방 땅 우리나라에 오신다는 것입니다!

그렇다면 정작 신교의 주인 국가인 한국에는 상제님이 오실 것을 알린 분이 없었을까요? 지금부터 150여 년 전, 천상의 상제님에게 직접 도통을 받고 상제님이 장차 오실 것을 선언한 분이 있었습니다.

상제님을 부르는 여러 호칭

2 동학의 선언, 우주의 새 시대가 열린다!

지금까지 근대란, 서양 문물을 받아들여서 사회가 새롭게 바뀌는 것이라 보았습니다. 그러나 이것은 서양 중심으로 역사를 보는 관점입니다. 이미 그 이전, 우리 스스로 선언한 '근대사의 위대한 출발점'이 있었습니다. 그것은 우주의 하느님이신 상제님이 직접 인간으로 오심으로써 새로운 세상이 열린다는 선언입니다. 동학東學 창시자 수운水雲 최제우崔濟愚 대신사大神師의 외침이 바로 진정한 근대사의 출발입니다.

최제우 대신사는 경주 용담정에서 수도에 정진하던 중, 1860년(경신년) 음력 4월에 상제님의 음성을 직접 듣는 놀라운 체험을 합니다. 상제님께서 내려 주시는 신교를 받고 도통한 이 일을 '천상문답天上問答' 사건*이라 합니다. 대신사는 상제님의 가르침을 받고 '앞으로 상제님이 오셔서 새 문화로 새 세상을 건설하신다'는 것을 알게 되었습니다.

동학의 핵심 가르침은, 이 땅에 오실 상제님을 바르게 모시고 상제님의 조화문명을 열어야 한다는 것입니다. 이런 가르침을 바탕으로 하여 지은 글이 "시천주조화정侍天主造化定 영세불망만사지永世不忘萬事知"라는 주문입니다. 이 주문의 뜻은 '하늘의 주인이신 상제님을 모시고 조화를 정하면, 모든 것을 다 알게 되고, 그 은혜를 영원히 잊지 못하옵니다'라는 것입니다.

최제우 대신사는 천상문답 사건에서 하늘에서 들려오는 음성을 듣고, 신교를 내려 주시는 분이 누구인지 처음에는

천상문답 사건
최제우 대신사가 기미년(1859년) 10월에 용담정에 들어가 기도에 정진하다가 다음 해 경신년(1860년) 4월에 천주님의 성령이 임하여 도통과 천명을 받은 사건. 이때 상제님이 내려 주신 주문이 '시천주조화정 영세불망만사지' 열석 자이다.

정확히 깨닫지 못했습니다.

"世인이 謂我上帝어늘 汝不知上帝耶아."
세상 사람들이 나를 상제라 부르는데 너는 어찌 상제를 모르느냐. (『동경대전』「포덕문」)

상제님은 최제우 대신사를 꾸짖으시며 당신님의 신원을 이렇게 직접 밝혀 주셨습니다. 동학 경전에는 대신사가 천상계의 주인이신 상제님과 직접 문답한 내용이 많이 기록되어 있습니다.

그런데 왜 최제우 대신사를 계승한 동학 교주들과 이 땅의 동학 연구가들은 한결같이 상제님을 제대로 인식하지 못할까요? 그 결정적인 이유는 상제님을 친견하지 못했기 때문입니다. 그래서 신교와 상제문화, 삼신하느님을 올바르게 인식하지 못한 것입니다.

그리하여 동학의 본래 가르침인 시천주*는 인내천*으로 바뀌었습니다. 상제님의 가르침이 왜곡되자, 오늘날 동학 연구가들은 동학을 바르게 해석할 수 없게 되었습니다. 더욱이 우리 고대사도 왜곡되었기 때문에 9천 년 동안 모시던 상제님이 누구인지 모르게 되었습니다.

최수운 대신사는 앞으로 펼쳐질 세상일을 이렇게 전하였습니다.

만고 없는 무극대도 이 세상에 날 것이니 십이제국* 괴질 운수 다시 개벽 아닐런가. (『용담유사』)

이 말씀은 '천주이신 상제님이 인간 세상에 오셔서 펼치실

시천주侍天主
'인간으로 직접 오시는 상제님을 바르게 모신다'는 뜻

인내천人乃天
'사람이 곧 하늘'이라는 뜻으로 상제님이 오신다는 소식이 사라져 버렸다. 이로써 최수운 대신사의 본래 가르침이 왜곡되어 상제님을 잃어버리게 되었다.

십이제국
크고 작은 여러 나라를 포함한 전 세계를 의미함

무극대도(하느님의 열매 진리)가 머지않아 출현한다'는 것입니다.

19세기 말 이전부터 스페인, 프랑스, 독일, 영국, 일본 등 제국주의 나라들은 약소국가를 짓밟고 국권을 빼앗았습니다. 그러나 대신사는 '장차 전 세계가 괴질 운수에 걸려 심판을 받고 지구 문명이 새롭게 열린다'고 하였습니다. 이것이 '다시 개벽'의 뜻입니다.

여기서 개벽開闢이라는 말은 무슨 뜻일까요? 개벽은 '열 개', '열 벽' 자로 '태초에 하늘이 열리고 땅이 열렸다'는 뜻입니다. 개벽은 천지개벽天地開闢 또는 천개지벽天開地闢의 줄임말입니다. 새로운 하루가 열리는 것을 '새벽'이라 하듯이 '우주가 새롭게 열리는 것을 개벽이라 합니다. 동학의 핵심 메시지는 한마디로 '상제님이 인간으로 오셔서 조화문명이 열린다'는 것과 '앞으로 다시 개벽이 된다'는 것입니다.

이처럼 동서양 성자들과 최수운 대신사는 약속이나 한 듯이 상제님이 인간으로 오신다는 놀라운 소식을 전하였습니다.

그러면 왜 상제님이 인간으로 오시는 걸까요? 그것은 우주 질서가 바뀌는 '다시 개벽'이라는 놀라운 대사건을 앞두고 있기 때문입니다.

새 시대가 열리는 **시간의 원리**
(신교 우주관)

우주의 질서가 어떻게 바뀌는지 그 틀을 알려면 우선 자연의 변화를 이해해야 합니다.

1) 우주와 대자연은 순환한다

대자연과 뭇 생명체는 기본적으로 순환하면서 변화합니다.

순환과 변화의 기본은 음양陰陽 운동입니다. 음양이란 한 번은 나가고 한 번은 들어오는, 변화의 기본 틀입니다. 자연은 음양 운동을 하며, 생장염장生長斂藏이라는 순환 질서를 이룹니다.

> 나는 생장염장生長斂藏 사의四義를 쓰나니 이것이 곧 무위이화無爲以化*니라. (『도전』 2:20:1)

> **무위이화**
> 힘들이지 않아도 저절로 이루어짐

생장염장이란 낳고(生, 탄생), 자라고(長, 성장), 거두고(斂, 수렴), 휴식(藏, 저장)하는 변화 법칙입니다.

이 생장염장이라는 생명의 순환 마디는, 상제님께서 만물을 다스리시는 기본 틀입니다. 우주는 처음 생긴 이래 끊임없이 생장염장을 주기로 하여 순환해 왔습니다. 만물은 작은 단위든 큰 단위든 모두 생장염장 법칙에 따라 순환합니다.

우리 생활의 기본 단위는 하루입니다. 아침에 일어나서[生] 낮에 나가서 열심히 일하고[長] 저녁이 되면 보금자리로 돌아와서[斂] 밤에 팔다리를 뻗고 쉽니다[藏]. 밤에 충분히 휴식을 취해야 생명력이 축적됩니다.

이 하루 낮과 밤의 순환이 지속되어 일 년 사계절이 됩니다. 봄에 싹이 나와 줄기를 뻗고 꽃을 피우며[生] 여름철에 크게 성장합니다[長]. 가을이 되면 열매를 맺고 추수를 합니다[斂]. 그리고 겨울에는 생명 활동을 멈추고 죽은 듯이 쉽니다[藏].

우리 인생에도 네 마디 단계가 있습니다. 태어나고[生] 자라고[長] 어른이 되어 가정을 이루고[斂] 나이 들어 죽음을 맞이합니다[藏]. 이것이 인간의 일생입니다. 그러면 인간의 생애보다 큰 주기는 없을까요?

시간은 계속 순환하여 인생보다 더 큰 변화의 주기를 만듭니다. 그 주기가 바로 '우주의 일 년'입니다.

2) 초목 농사와 인간 농사

시간이 순환하여 주기를 이루는 목적은 무엇일까요?

지구 일 년이 순환하는 목적은, 농부로 하여금 봄에 씨앗을 뿌리고 가을에 결실을 거둬들이게 하는 데 있습니다. 이것을 초목 농사라 합니다. 우주 일 년은, 상제님이 인간과 문명을 내고 기르고 결실하는 주기입니다. 인간 농사를 지으시는 것입니다.

봄에 새싹이 나오듯이 우주의 봄에 인간과 문명이 탄생합니다. 여름에 나뭇잎이 무성하고 가지가 분열하듯이 우주의 여름에는 인구가 증가하고 문명이 발달합니다.

이어서 가을에 열매를 맺고 잎이 떨어지듯 우주의 가을에는 인간과 문명도 열매를 맺어 조화로운 세상이 열립니다. 하지만 미성숙하여 열매를 맺지 못한 생명은 낙엽처럼 소멸해 버립니다. 우주의 겨울이 되면 우주의 새봄을 위해 대휴식기에 들어갑니다. 과학에서 이 시기를 빙하기라 부릅니다.

그러면 우주 일 년은 얼마나 긴 시간일까요?

일찍이 이 생장염장으로 순환하는 천지의 시간대를 밝힌 인물이 있었습니다. 중국 송나라 때 사람 소강절邵康節(1011~1077)입니다. 소강절 선생은 천지가 순환하는 큰 주기가 129,600년이라는 것을 알아냈습니다.

그런데 이 129,600이란 수는 우주 일 년의 주기일 뿐 아니라, 지구의 순환과 인간의 하루 생명 활동에도 똑같이 적용됩니다. 인간은 우주를 축소해 놓은 소우주이기 때문입니다.

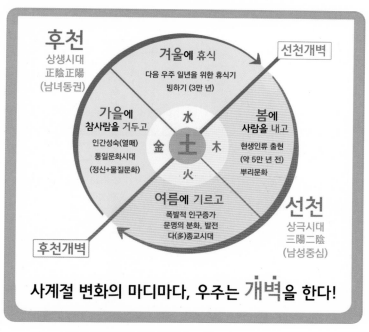

후천
상생시대
正陰正陽
(남녀동권)

선천개벽

겨울에 휴식
다음 우주 일년을 위한 휴식기
빙하기 (3만 년)

가을에
참사람을 거두고
인간성숙(열매)
통일문화시대
(정신+물질문화)

봄에
사람을 내고
현생인류 출현
(약 5만 년 전)
뿌리문화

水
金 土 木
火

여름에 기르고
폭발적 인구증가
문명의 분화, 발전
다(多)종교시대

선천
상극시대
三陽二陰
(남성중심)

후천개벽

사계절 변화의 마디마다, 우주는 개벽을 한다!

이 세상이 둥글어 가는 법칙, 우주 일 년!
안운산安雲山 증산도 태상종도사님이 해방 후(1946년) 우주가 둥글어 가는 이치를 세상 사람들이 알기 쉽게 한 장의 도표에 담아 처음 공포하신 것이 우주 일 년 도표이다. 이 도표는 인간 농사 짓는 원리로 간략히 표현한 것이다.

3) 선후천 변화 운동을 하는 우주

우주 일 년 중에서 봄여름을 선천先天(먼저 하늘)이라 하고 가을과 겨울을 후천後天(나중 하늘)이라 합니다. 그리고 우주의 봄이 열리는 것을 선천개벽, 가을이 열리는 것을 후천개벽이라 합니다.

선천개벽으로 봄이 열릴 때는 하늘도 기울어지고 땅도 기울어집니다. 세상도, 인간의 마음도 기울어집니다. 지금 지축이 동북쪽으로 23.5도 기울어져 있습니다. 그리하여 우주에 상극相克이 들어와서 모든 생명이 불균형과 부조화 속에서 살아갑니다. 상극이란 '서로 상相' 자에 '이긴다, 경쟁한다, 극한다'는 '극克' 자로 '서로 경쟁한다'는 뜻입니다.

선천은 생장生長하는 시대입니다. 상제님께서는 이 선천 시대에, 인간을 포함한 삼라만상을 탄생, 성장시키기 위해 상

그대는 이 우주의 열매(주인공)가 되기 위해 살아가고 있습니다.

1986년 영국의 『뉴사이언스』 과학잡지

극 원리를 쓰십니다. 신생아가 어머니의 산도*를 찢고 나오
는 것처럼, 생명은 분열의 아픔을 딛고 탄생합니다. '싸우며
큰다'는 속담처럼 끊임없이 경쟁하면서, 성장·발달합니다.

이 봄여름은 가을에 결실하기 위한 과정입니다. 선천 분
열·발달 과정에서 이루어진 한 맺힌 역사는 후천 완성 시대
로 나아가는 필연적 과정입니다. 선천의 숱한 부조리와 모
순과 갈등은, 대자연이 만물을 상극 정신으로 기르는 데서
일어난 것입니다.

그럼 지금 우리는 우주 일 년 중 어디쯤 살고 있을까요?

지금은 인구가 폭발적으로 증가하고, 과학이 급속도로 발
전하고, 문화도 화려하게 꽃을 피우고 있습니다. 반면에 인
간의 도덕이나 정신은 오히려 타락과 쾌락을 향해 나아가
고 있습니다. 여름철 끝의 분열 기운이 가장 강할 때의 모습

산도
아이를 낳을 때 태아
가 지나가는 통로

입니다. 여러 민족은 제 뿌리를 찾으려 하고 민족 단위로 독립을 하려고도 합니다. 한국을 찾고 한국 문화를 배우려는 '한류 열풍*'도 불고 있습니다. 한국이 뿌리 문화의 종주국*이기 때문입니다. 한류 열풍은 가을철에 열매를 맺고 뿌리를 찾아 돌아가려는 몸짓이라 할 수 있습니다.

이런 현상을 잘 보면 지금이 우주의 여름 끝자락에서 가을로 들어서려는 때라는 것을 알 수 있습니다. 지금은 우주의 여름과 가을이 바뀌는 환절기입니다. 이것을 하추교역기夏秋交易期*라 합니다.

최제우 대신사가 말한 '다시 개벽'이란 '우주 가을 시대가 새롭게 열린다, 가을개벽이 온다'는 것을 알린 것입니다. 열매는 가을에 열립니다. 상제님이 열어 주신 열매 진리도 우주 가을철에 이뤄집니다.

한류 열풍
한국의 문화, 영화, 연예 콘텐츠 등이 유행하면서 다른 나라에서 인기를 얻는 현상

종주국
어떤 문화가 처음 시작된 나라

하추교역기
여름과 가을이 바뀌는 때

그러므로 '우리가 살고 있는 때'를 제대로 아는 것은 너무도 중요합니다. '우주의 가을이 오고 있다'는 이 소식을 아는 것과 모르는 것은, 가을개벽기에 나의 삶이 열매를 맺을 것인지 아니면 낙엽처럼 소멸*할 것인지 정해지는 관건입니다.

상제님이 우주 가을철에 인간으로 오시는 것은 우주의 법칙인 음양오행 원리로 볼 때 정해져 있는 일입니다. 음양이 순환하면서 양기운인 목화木火와 음기운인 금수金水가 네 방위로 펼쳐집니다. 음은 차갑고 무거운 기운이지만, 양은 따뜻하고 가벼운 기운입니다. 음양은 서로 짝을 이루면서도 그 기운은 정반대입니다.

예를 들어 얼음이 가득 든 물통(음)을 녹이려고 뜨거운 물(양)을 부으면 어떻게 될까요? 물통이 터지고 얼음이 녹을 것입니다. 이 얼음과 뜨거운 물처럼 서로 대립하고 이기려는 기운을 상극相克*이라 합니다. 음과 양이 순환할 때 이런 상극 기운이 서로 부딪히지 않도록 중앙에서 중재하는 자리가 있습니다. 그것을 토土라 합니다.

토土라는 글자는 양(+)과 음(-)이 합쳐진 모습입니다. 토에는 음양이 포함되어 있습니다. 이 토가 있기 때문에 우주는 영원히 음양으로 순환할 수 있습니다. 이 음양을 목화토금수木火土金水 다섯 가지 기운으로 나누는데 이것을 오행五行이라 합니다.

이 음양오행 원리에 들어 있는, 상제님 강세의 섭리는 무엇일까요?

겨울(水)에서 봄(木)으로 넘어가는 것을 수생목水生木이라 합니다. 물을 주면 나무가 잘 자라는 것과 같은 상생相生 이치입니다. 봄(木)에서 여름(火)으로 넘어가는 것은, 나무를

넣으면 불이 더 잘 타는 것과 같아서 목생화木生火라 합니다. 그런데 여름에서 가을로 갈 때는 변화의 기운이 달라집니다.

차가운 가을 금金 기운이 들어와서 여름철 불기운(火)과 부딪칩니다. 이것은 불(火)이 쇠(金)를 녹여 버리는 상극 이치로 화극금火克金입니다. 그래서 충격이 크게 일어납니다.

여름과 가을이 바뀌는 환절기에는 감기나 몸살로 고생하기 쉽습니다. 인생으로 보면 40~50대가 되는 때로 암 발생률이 높고, 질병에 걸려 건강을 잃기도 합니다.

이렇게 우주의 여름과 가을이 바뀔 때는 어떤 충격이 있을까요? 이때는 우주적인 대변혁 즉 우주 가을이 열리는 가을개벽이 일어납니다. 화극금火克金의 엄청난 충격 때문에 인간을 비롯한 모든 생명체가 멸망당하게 되어 있습니다. 그러나 우주는 이런 엄청난 충격을 완화하기 위하여 반드시 토가 개입합니다. 그리하여 화생토火生土, 토생금土生金 과정을 거치면서 가을(金) 시대로 넘어가는 것입니다.

화생토 이치는 용광로와 온돌을 관찰해 보면 잘 알 수 있습니다. 뜨거운 쇳물을 담아 식힐 수 있는 용광로는 흙으로 만듭니다. 흙으로 만들지 않으면 뜨거운 쇳물에 그릇이 녹아 버립니다. 온돌을 보면, 아궁이의 뜨거운 열을 방바닥의 황토가 흡수하여 따뜻하게 전달합니다. 이처럼 화생토로 흙이 열을 흡수해야 토생금하여 다음 단계로 넘어갈 수 있습니다. 땅 속에 광물이 묻혀 있는 것도 토생금 원리입니다.

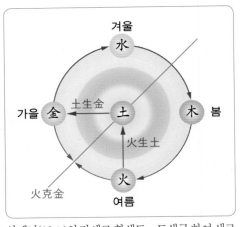

상제님(10土)의 강세로 화생토→토생금 하여 새로운 천지가 열린다.

토±는 목화금수 네 기운으로 하여금 영원히 순환하면서 생명 창조 활동을 할 수 있도록 음양을 조화시키는 '변화의 본체' 자리입니다.

그러면 우주의 중심에서 토가 하는 일을 맡은 분은 누구일까요? 우주를 다스리시는 상제님이 바로 이 토 자리에 계십니다.

상제님이 여름(火)과 가을(金)이 만나는 가을 개벽기에 인류를 구원하시기 위해, '화생토火生± 토생금±生金' 이치에 따라서 직접 세상에 오십니다. 하느님의 강세는 이렇게 대자연 이치로 이미 정해져 있습니다.

음양오행으로 만든 자연의 시간표, 달력

해와 달은 음양의 원리로 인간과 자연을 기르는 주체입니다. 해는 양을 상징하고 달은 음을 상징합니다. 해와 달이 운행하면서 사계절이 생기고 계절 변화에 따라 인간과 만물이 성장하고 성숙합니다.

음양에서 생성된 오행을 해와 달에 합해 보면 일월화수목금토日月火水木金土가 됩니다. 바로 요일 순서와 같죠? 음양오행의 순환 원리에서 일주일이 나왔습니다. 인류는 이 자연의 순환 원리에 따라 시간의 주기인 달력을 만들었습니다.

서양도 똑같이 일주일은 Sunday로 시작하여 7일간입니다. Sunday는 태양Sun에서, Monday는 달Moon에서 온 말입니다.

사계절도 마찬가지입니다. Spring은 봄의 목木 기운 그대로 스프링처럼 솟아오르는 것을 의미합니다. Summer라는 말은 여름의 화火 기운을 상징하는 뜨거운 태양Sun에서 왔습니다. 가을은 잎이 지고 기운이 뿌리를 향해 돌아가는 금金 기운을 적용하여 Fall이라 합니다. 겨울은 저장하고 휴식하는 수水 기운을 표상하는 물, Water에서 Winter가 되었습니다.

이처럼 달력이나 계절에 대한 서양의 인식도, 뿌리 문화인 음양오행 사상을 바탕으로 합니다.

인간으로 오신 **삼신상제님**

1) 상제님은 언제 오실까요?

수많은 선지자와 성자가 상제님 강세를 그토록 외쳤고, 우주의 이치로도 상제님이 오시게 되어 있다면, 상제님은 과연 언제 오실까요?

인류가 그토록 기다린 상제님은 놀랍게도 이미 140여 년 전에 우리나라 땅을 다녀가셨습니다. 상제님이 이미 다녀가셨다면 분명 역사상 가장 놀라운 일이 아닐 수 없습니다. 그런데 우리는 왜 강세 소식을 한 번도 들어보지 못했을까요?

사실, 우리가 상제님을 몰랐을 뿐이지 지금부터 약 100년 전만 해도 조선 사람 중에 인간으로 오신 상제님을 모르는 사람이 거의 없었습니다. 우리가 상제님이 누구이신지 전혀 모르게 된 것은 우리 역사와 민족정신이 철저히 왜곡되었기 때문입니다. 일제시대에 우리 민족은 상제님을 알고 있었습니다. 상제님께 기도를 드리고 수행도 했습니다.

일제는 상제님을 모시는 신앙이 우리 민족을 단결시키는 정신의 요체라는 것을 알았습니다. 그래서 민족 종교를 탄압하고 오도하여 우리 기억에서 상제님을 사라지게 했습니다. 이 이야기는 4부 끝부분에서 자세히 설명할 것입니다.

그러면 상제님은 언제, 어디를 다녀가셨고 어떤 분이신지 알아보겠습니다.

2) 인간으로 오신 상제님은 어떤 분이신가요?

상제님은 신미辛未(1871)년 음력 9월 19일에 탄강하셨습니다. 탄강하신 곳은 상제문화의 시원 국가인 우리나라 전라도 고부군 우덕면 객망리입니다. 지금은 전북 정읍시 덕천면 신월리입니다. 객망리客望里는 원래 이름이 선망리仙望里였습니다. 선망리는 '새 세상을 여는 신선을 기다리는 곳', '하늘의 주인이 오시기를 기다리는 마을'이라는 뜻입니다.

상제님의 존성은 강姜씨이고, 도호道號는 '시루 증甑', '뫼 산山' 자로 증산甑山입니다. 그래서 강증산 상제님이라 부릅니다.

시루

시루는 설익은 것을 쪄서 익힙니다. 시루는 아무리 물을 부어도 다 차지 않는 가장 큰 그릇을 의미하기도 합니다. 시루는 '이 세상의 설익은 문화와 역사를 성숙시킨다, 완성시킨다'는 뜻을 담고 있습니다. 이처럼 상제님의 도호 증산甑山에서, 상제님이 이 세상에 오신 목적을 알 수 있습니다.

증산 상제님은 수많은 성씨 중에서 강姜씨 성으로 오신 이유를 친히 밝혀 주셨습니다.

> 세상에 성姓으로 풍風*가가 먼저 났으나 전하여 오지 못하고 다만 사람의 몸에 들어 체상體相의 칭호로 쓰이게 되어 풍신, 풍채, 풍골 등으로 일컫게 되었을 뿐이요, 그 다음에 강姜가가 났나니 강가가 곧 성의 원시라. 그러므로 이제 개벽시대를 당하여 원시로 반본하는 고로 강가가 일을 맡게 되었느니라. (『도전』 2:37)

뿌리로 돌아가는 원시반본原始反本*의 개벽(가을) 섭리에 따라 현존하는 최초의 성씨인 강씨로 오신 것입니다.

*이 세상에 최초로 생긴 성은 '풍'씨이다. '풍'을 성으로 처음 쓰신 분은 배달국 5세 태우의 환웅의 막내아들인 태호복희씨다. 태호복희씨는 태극기에 있는 사괘(건곤감리)의 뿌리인 팔괘(건태리진손감간곤)를 처음 밝혔다.

원시반본
'시원(뿌리)을 찾아서 돌아간다', '뿌리에서 열매가 나온다', '뿌리와 열매가 만난다'는 뜻

3) 상제님은 왜 지구상 여러 나라 중 우리나라에 오셨을까요?

2부에서 보았듯이 우리는 인류 역사상 장손 민족이며, 상고 시대에 우리 조상이 세운 나라는 뿌리 문화인 신교의 종주국宗主國입니다. 상제님은 인류 역사의 뿌리를 밝히시어, 9천 년간 상제님을 가장 잘 모신 신교의 주인 국가, 대한의 땅으로 오셨습니다.

증산 상제님이 우리나라에 오신 것은 지리학상으로도 정해져 있습니다. 이것을 증산도의 안운산 태상종도사님께서 최초로 밝혀 주셨습니다.

세계 지도를 놓고 보면, 한반도를 중심에 두고 일본이 왼편에서 감싸 주었다. 이렇게 좌측에 붙은 건 청룡靑龍이라고 한다. 집으로 말하면 담장이라 할까, 울타리라 할까. 일본은 좌청룡 중에서도 내청룡이다. 그리고 저 아메리카가 외청룡이다. 또 우측에 붙은 건 백호白虎라고 한다. 중국 대륙, 싱가포르까지가 내백호다. 중국 대륙이 얼마나 육중한가. 백호가 튼튼해야 녹 줄이 붙는다. 아프리카도 한 9억 이상이 사는 굉장히 큰 대륙이다. 그 아프리카가 외백호다. 호주는 안산案山이고. 또 대만과 중국 대륙 사이 대만 해협이 물 빠지는 파破다. 마지막으로 제주도가 기운 새는 것을 막아 주는 한문閉門이다.

가만히 보아라. 꼭 그렇게 돼 있다. 그렇게 해서 우리가 살고 있는 이 땅, 우리나라가 지구의 혈穴이다. 지구의 속 알갱이, 고갱이, 진짜배기 땅이다. 이 지구의 중심축이다. 상제님이 우리나라에 오신다는 것은 우주 차원뿐만 아니라 지리상으로도 이미 그렇게 정해져 있다. 지구는 조선 삼천리 강토, 이 땅을 위해서 형성되어 있는 것이다.

그런데 상제님이 이 땅으로 오셨다고 해서, 상제님이 우리

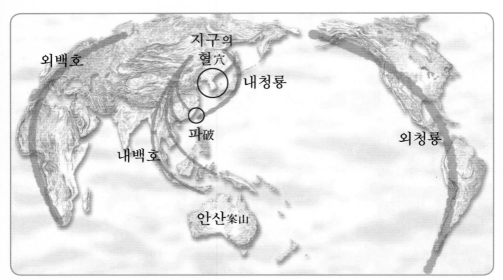

외백호

지구의 혈穴

내청룡

파破

외청룡

내백호

안산案山

지구의 혈이며 열매 자리인 한반도

증산도 안운산安雲山 태상太上종도사님이 최초로 밝혀 주신 지구의 지리. 대한민국이 지구의 원 중심, 고갱이, 알갱이, 핵심 혈穴이다. 그래서 삼계를 다스리는 우주의 절대자 하나님께서 바로 이 땅에 오셨다.

민족만의 하나님은 아니다. 우리나라를 고향으로 했을 뿐이지 상제님은 일본의 하나님이요, 중국의 하나님이요, 인도의 하나님이요, 미국의 하나님이요, 중동의 하나님이요, 유럽의 하나님이다. 전 지구, 전 인류의 하나님이시다. 후천 5만 년 전 인류의 참 하나님이시다.

- 『춘생추살』 내용 중 -

지리학, 풍수학으로도 상제님이 지구의 혈穴 자리(명당)인 한반도에 오시게 되어 있다는 것이 참으로 신기하고 놀랍습니다. 앞서 본 바와 같이 『주역』에서도 동북 '간방艮方'에서 모든 성자의 말씀이 이뤄진다고 했습니다. 간방은 한반도를 말합니다.

간은 나무로 말하면 열매입니다. 나무는 뿌리에서 뻗어 나간 줄기, 이파리의 진액을 전부 모아 열매를 맺습니다. 열매는 새봄에 농사를 지을 '씨종자'가 됩니다. 그러므로 열매에는 끝(終終)과 시작(시始)이 함께 존재합니다. 자연의 원리로 볼 때도 상제님이 간방으로 오셔서 인류 문화를 결실하여 새 시대를 열어 주신다는 것입니다.

증산 상제님은 오랜 세월 누적된 인간과 신명의 깊은 원한을 모두 해소시키고, 문명의 진액을 뽑아 모아 인류가 꿈꾸어 온 전혀 새로운 조화낙원 세상이 열리도록 역사의 시간표를 짜 놓으셨습니다. 그것을 '천지공사天地公事'라 합니다.

천지공사는 '하늘과 땅을 뜯어고치는 우주적인 대공사'입니다. 상제님은 천지공사를 행하심으로써 선천 상극의 낡은 하늘과 땅을 뜯어고치고, 인류가 새롭게 살아갈 후천 상생의 새 하늘 새 땅을 여셨습니다. 천지공사는 오직 우주의 조화주 하느님이신 상제님이 하실 수 있는 일입니다.

천지공사의 자세한 내용은 상제님의 말씀과 행적을 담은 『도전道典』을 정독*하면 잘 알 수 있습니다.

> 정독
> 뜻을 새겨가며 자세히 읽음

나는 옛 성인의 도나 옛 가르침으로 하지 않느니라. (『도전』 2:41:1)

그러므로 '판밖'에 남 모르는 법으로 일을 꾸미는 것이 완전하니라. (『도전』 2:134:4)

4) 『도전道典』을 보면 상제님이 하신 일을 알 수 있나요?

상제님은 '판밖'에 남모르는 법으로 일을 꾸민다고 하셨습니다. 기존 진리나 성자들의 가르침으로는 이 혼란한 세상을 건지기 어려우므로, 새 세상을 열기 위해서 천지공사라는 전혀 새로운 방법을 쓰신 것입니다.

인류를 구원하러 오신 상제님은 100여 년 전에 천지공사를 보시며 참 하느님으로서 권능*과 이적을 많이 보여주셨습

> 권능
> 권세와 능력을 아울러 이르는 말

4. 동방 땅에 오신 삼신상제님 **139**

전봉준 장군

니다. 상제님이 이 땅에 계실 때(1871~1909) 상제님을 직접 모신 성도들이 체험한 상제님의 권능과 위격에 대한 놀라운 일화가 『도전』에 가득 실려 있습니다. 그 일화 몇 가지를 소개하겠습니다.

당시 상제님께서 병을 고쳐 주신 은혜를 그 후손들이 지금도 생생하게 증언하고 있습니다. 『도전』 2편 79장에 이런 이야기가 있습니다.

1905년 상제님께서 원평院坪을 지나시는 길이었습니다. 원평은 전봉준 장군이 탐관오리의 학정에 시달리던 민중을 구하기 위하여 봉기한 곳으로도 유명합니다. 길가에는 대풍창(문둥병)*에 걸려서 그 형상이 차마 보기 어려울 정도로 흉한 병자가 있었습니다. 병자는 상제님을 보자 달려와서 큰 소리로 하소연하였습니다.

"제가 이생에 죄를 지은 바가 없는데 이 같은 형벌을 받음은 전생의 죄 때문이옵니까? 바라옵건대 전생에 지은 중죄重罪를 용서하옵소서. 만일에 죄가 너무 무거워서 용서하실 수 없다면 차라리 죽음을 내려 주옵소서."

길에 꿇어 앉아 눈물을 흘리며 하소연하는 병자의 모습을 본 주변 사람들도 모두 눈물을 흘렸습니다. 상제님께서 병자를 잠시 애처롭게 바라보시다가, 말씀하셨습니다.

"내가 너를 고쳐 주리니 여기 앉으라."

그리고 상제님을 따르던 성도들로 하여금 병자를 둘러싸고 앉게 하셨습니다.

상제님은 성도들에게 "대학지도大學之道는 재신민在新民이라."라는 『대학』*의 한 구절을 계속 외우게 하셨습니다. 성도들이 명을 받들어 외우는데, 한참 뒤에 상제님께서 눈을 뜨라고 하셨습니다. 성도들이 눈을 떠 보니, 놀랍게도 문둥

대풍창
현대의 한센병으로 나병癩病 또는 문둥병이라 불림. 접촉성으로 전염되며 피부에 특이한 헌데가 생기는 만성 전염성 피부병임

대학
유교 경전인 사서四書의 하나

병자가 아니라 건강한 사람이 앉아 있었습니다. 잠깐 사이에 병자가 완치되어 새사람이 된 것입니다.

새사람이 된 병자는 기뻐서 뛰고 춤추면서 울부짖었습니다.

"하느님, 하느님이시여! 저의 큰 죄를 용서하시어 저에게 새로운 인생을 열어 주셨습니다."

이 광경을 바라보던 사람들도 모두 경탄하였습니다.

"만일 하느님의 권능이 아니라면 어찌 이렇게 할 수 있으리오."

그 당시 문둥병은 하늘이 내린 병이라 하여 치료약이 없었습니다. 그런데 상제님께서 유교 경전의 한 구절로써 완

전히 고치신 것입니다.

상제님께서 많은 사람들에게 이렇게 말씀하셨습니다.

> 나의 도道는 천하의 대학大學이니 장차 천하창생을 새사람
> 으로 만들 것이니라.

김구金九 선생의 『백범일지』*에도 상제님의 일화가 기록되어 있습니다. 『백범일지』의 '우리 집과 내 어릴 적' 부분에 나옵니다. "어디서는 이인異人이 나서 바다에 떠다니는 화륜선火輪船을 못 가게 딱 붙여 놓고…"라는 구절입니다. 상제님께서 바다 위를 뛰어 건너가서 바다에 떠 있는 큰 증기선에 올라가셔서 발로 누르시니 배가 꼼짝 않고 멈추었다는 것입니다.

『도전』 5편 38장에 나오는 이 놀라운 사건은 전라도 군산 앞바다에서 일어났습니다. 김구 선생이 살던 황해도까지 소식이 들렸으니, 조선 팔도에 소문이 자자했을 것입니다.

상제님은 가는 해를 멈추게도 하셨습니다.

> 이를 보고 너희들의 신심을 돈독히 하라. 해와 달이 나의 명
> 에 의하여 운행하느니라. (『도전』 4:111:11)

상제님은 제주도 바닷물을 말려서 해녀들이 바다를 걸어 다니게 하셨습니다. 또 죽은 아이를 살리시고, 앉은뱅이를 그 자리에서 일으키셨습니다. 성도들을 천상 신명계에 데려가시기도 하셨습니다. 너무도 놀라운 권능을 보이시며 행하신 수많은 기행, 이적이 『도전』에 기록되어 있습니다.

상제님의 권능을 직접 본 당시 사람들은 누구나 상제님을 하

느님으로 알았습니다.

또 『도전』을 보면 상제님께서 짜 놓으신 천지공사대로 인류 역사가 펼쳐져 나가는 것을 알 수 있습니다. 앞으로 천지개벽을 겪은 이후, 상제님께서 열어 놓으신 지상 낙원에서 인류가 신과 소통하며, 새롭게 살아가는 꿈같은 모습도 기록되어 있습니다.

상제님께서 인간 세상을 다녀가신 1909년 이후로도 성도들은 상제님의 가르침을 받들어 신앙을 계속 이어갔습니다. 그러나 일제는 우리 민족의 역사와 상제 신앙을 말살하기 위해 온갖 왜곡과 탄압을 일삼았습니다.

5 신교의 부활,
600만 명이 신앙한 보천교

나라를 잃은 시기였던 1920년대에 큰 세력을 떨친 민족 종교가 있었습니다. 상제님을 신앙하며 신교와 역사정신을 지킨 보천교普天敎입니다. 조선총독부*의 공식 통계를 보면, 불과 몇 년 만에 신도가 600만 명(1920년대 초기 조선 인구 약 1,700만 명)에 달했다고 합니다.

이렇게 빠른 기간에 신도가 폭발적으로 증가한 일은 세계 종교 역사상 유례가 없습니다. 인구의 1/3이 상제님을 신앙 했으니 가히 국교라 할 만했습니다. 제주도에서는 70% 이 상이 보천교를 신앙했습니다. 집집마다 청수를 모시고 태을 주를 읽었습니다. 보천교는 9천 년 역사 속에서 면면히 이어온 상제 신앙을 바탕으로 한 생활문화였습니다.

보천교는 항일운동도 뒷받침했습니다. 보천교는 상해 임시 정부*에 자금을 보냈습니다. 보천교에서 독립자금을 몰래 전 하다가 일제에 검거되었다는 당시 신문 기사도 많습니다.

BOTH.- The Poohunkyo came into existence about 17 years ago and was known as the Hoomohikyo (same in Japanese) or Taieulkyo (Taiotsukyo). For a time it enjoyed great popularity among the ignorant and superstitious (it is said to number some 6,000,000 members but is now on the wane. Its doctrine is a mixture of Confucianism and Taoism but it gets its following not because of its teachings so much as its supposed political affiliations. The present head of this body is one Cha Kyung Suk who is sometimes called "Emperor Cha" be... ...eror of

밀러보고서 : 보천교 6백만 신도

보천교 600만 신도를 밝힌 미 국무성 밀러 보고서 밀러는 1920년대 당시 조선의 총영사관 이었다.

보천교는 저 유명한 청산리 전투*를 승리로 이끈 김좌진 장군에게 군자금 2만 원(당시 쌀 한 가마니 값이 5원)을 지원하였습니다. 김좌진 장군은 이 돈으로 무기를 사들여 무장대를 편성했습니다(증거 자료: 관동청 경무국 제 32743호). 1920~30년대에 보천교 신도들은 물산장려운동 등 민족경제 자립 운동에도 적극 참여했습니다. 보천교는 이처럼 항일 민족운동과 독립 운동을 지원하는 사령탑 구실을 했습니다.

그러므로 우리의 근대사, 종교, 철학, 정신문화, 독립운동사를 알려면 보천교를 알아야 합니다. 그런데 왜 지금까지 우리는 보천교를 알지 못할까요? 그것은 일제가 자행한 민족정신 말살 정책 때문입니다.

조선총독부는 민족정신을 말살하기 위해서 기독교, 불교, 일본 신도를 제외한, 보천교를 포함한 민족 종교를 '유사 종교'로 규정하여 탄압했습니다. 민족정신을 말살하라는 특명까지 내렸습니다. 중일전쟁(1937)*을 일으킨 일제는 1938년에 유사 종교 해산 명령을 내렸습니다. 일제는, 한양의 경복궁보다도 더 큰 십일전을 비롯한 보천교 건물들을 헐값으로 전국 여러 곳에 팔아 버렸습니다. 본전本殿인 십일전十一殿은 조계사 대웅전을 짓는 데 쓰이고, 건물 일부는 동대문으로

청산리 전투
1920년 10월에 김좌진의 북로군정서와 홍범도의 대한독립군 등 독립군 연합 부대가 두만강 상류 청산리 일대에서 일본군을 크게 이긴 전투이다. 크고 작은 전투가 약 일주일에 걸쳐 벌어졌다.

중일전쟁
1937년 7월 7일 일본의 중국 대륙 침략으로 시작되어 1945년 제2차 세계 대전이 끝날 때까지 계속되었다. 20세기 아시아 최대 규모의 전쟁이었다.

보천교의 본전인 십일전十一殿 십일전의 본전은 가로 30m, 세로 16.8m 규모로 단일 건물로는 우리나라 건축물 중 가장 컸다고 한다. 십일전의 부속 건물은 45동이었다.

가고, 청기와는 일제 경무대 건물 기와에 쓰였습니다. 광복 후 윤보선 대통령이 경무대 건물을 사용하면서 대통령 관저를 청와대라 부르게 되었습니다.

광복 70년이 지났지만, 일제의 탄압과 식민사학의 잔재로 말미암아 보천교의 항일투쟁사는 아직까지 제대로 밝혀지지 않았습니다. 보천교는 역사 속으로 사라지고, 일제의 압제에서 풀려난 이후 우리는 6.25전쟁의 아픔과 숱한 어려움을 겪었습니다. 그러나 한민족의 역사 혼인 상제문화는 결코 사라지지 않았습니다. 보천교는 이 땅에 신교를 부활시키고 상제문화를 다시 일으킨, 민족의 정신적 지주였습니다.

상제문화는 민족의 역사와 함께 끊임없이 맥을 이어왔습니다. 그러면 오늘날 상제문화의 맥은 어디에서 잇고 있을까요?

"보천교는 약 17년전에 결성되었으며 흠치교 혹은 태을교로 알려져 있다."
"신도수가 약 6백 만명에 달했다고 함."

보천교 6백만 신도를 밝힌
미 국무성 밀러 보고서

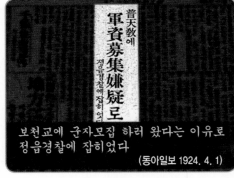

군자금으로 검거된 보천교 독립운동 기사
(동아일보 1924. 4. 1)

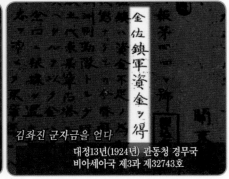

보천교에서 김좌진 장군에게 거금의 독립자금을 전했다는 일제 관동청 경무국의 조사 자료

한국 독립운동의 중심지 정읍을 찾아간 김구와 이승만

대한민국 임시정부의 주석을 지낸 김구金九 선생은 광복 직후 정읍을 방문하여 "정읍에 많은 빚을 졌다."고 말했습니다. 이승만李承晩 박사는 1946년 6월 3일 정읍을 방문하여 당시 정치인 중 처음으로 남한의 단독정부 수립을 주장하였습니다. 이것이 유명한 '정읍 발언'입니다. 김구와 이승만이라는 독립운동의 두 거두가 광복 직후에 왜 정읍을 찾아가서 '정읍에 빚을 졌다'는 말을 하고 '중대 선언'을 했을까요?

일제시대에 보천교普天敎를 비롯한 많은 민족 종교가 정읍을 거점으로 삼고 비밀단체를 조직하여 국내외 항일 독립운동을 펼치고 지원했습니다.

그 중에서 단체 규모가 가장 컸던 보천교는 항일 독립운동의 중심지였습니다. 보천교는 청산리 전투를 승리로 이끈 김좌진金佐鎭 장군에게 엄청난 독립자금을 지원하고, 정읍 출신 독립운동가 나용균羅容均을 통해 상해 임시정부에 거금 5만 원을 전달하는 등 독립운동의 자금원이 되었습니다. 또 '조선건국단'과 '신인동맹'이라는 비밀결사를 만들어 보천교도들이 왕성한 독립운동을 주도적으로 하였다는 역사적 사실이 밝혀지고 있습니다.(『정읍시사』, 〈국가보훈처 해당 기사〉 참조)

이처럼 보천교가 항일 독립 운동을 주도하고 해외에서 독립활동을 할 때 도움을 주었기에 김구와 이승만이 정읍을 찾아갔던 것입니다.

광복 70주년을 맞은 2015년, 영화 〈암살〉이 독립운동과 친일파 제거라는 주제로 국민의 가슴을 뜨겁게 달구며 흥행 돌풍을 일으켰습니다. 이 영화에 김구 주석과 함께 밀양 출신 의열단장 김원봉金元鳳이 등장합니다. 사실 김원봉도 보천교와 긴밀한 관계를 유지

했습니다.

경남 합천 출신 강홍렬姜弘烈은 1923년 5월 상해에서 개최된 국민대표대회에 보천교 대표 자격으로 참가하였습니다. 그 후 의열단장 김원봉의 권유로 의열단에 입단하여, 조직적이고 투쟁적인 항일 독립운동에 가담했습니다. 우리는 이제 보천교의 역사와 독립운동사를 바르게 조명해야 할 것입니다.

<동아일보>에 실린 10만 원 독립자금 기사 태을교(보천교의 다른 이름)에서 상해임시정부에 보낼 독립자금 7,350원을 발각, 압수하였다는 기사. 당시 쌀 한 가마 값이 5원 정도였다. (1921년 10월 29일자)

종교명	종교일반	기독교	천주교	불교	유교	천도교	보천교(아래는 교의 異名)			기타
							보천교	태을교	훔치교	
항일 기사 건수	6	23	2	18	15	32	83	9	55	28
합계	6	23	2	18	15	32	147			28

<조선일보>에서 발간한 <조선일보 항일기사 색인-1920~1940>에 나타난 항일기사 건수

600만 명이 증산 상제님을 신앙한 보천교는 상해 임시정부의 주요 독립자금원이었다. 당시 신문 기사를 통해 이러한 사실을 확인할 수 있다. 1920~30년대에 증산 상제님을 신앙하던 구도자들은 독립운동 자금을 지원했다 하여 일제에게 혹독한 탄압을 받았다(안후상, 「보천교와 물산장려 운동」). 보천교는 광복 이후 안운산 태상종도사님을 통해 증산도로 이어진다.

신교의 열매, 참동학 증산도

인간으로 오신 상제님께서, 인류를 구원하기 위해 여신 무극대도를 다음과 같이 말씀하셨습니다.

나의 가르침이 참동학이니라. (『도전』 2:94:9)

동학에서는 온 인류에게 '인간으로 오시는 상제님을 바르게 모시라'고 했습니다. 그것이 바로 시천주侍天主 신앙입니다. 상제님께서 직접 내신 무극대도 참동학은, 동학의 본래 가르침과 이상을 실현하고 온 인류가 상제님을 바르게 모시며 열매를 맺는 문화입니다.

상제님께서는 최수운 대신사에게 시천주 주문을 내려주셨습니다. "수운이 정성이 지극하므로 내가 천강서天降書를 내려 대도를 열게 하였다."고 밝혀 주셨습니다. 조선을 비롯한 동양 각국이 서양 제국주의 열강에게 침몰당해 갈 무렵, 동방 신교의 맥을 이어 동도의 정신을 새롭게 하여 세 세상이 열릴 것을 부르짖은 한 구도자가 정성을 다해 기도에 정진하여 천상의 주님이신 상제님을 친견하였습니다. 상제님은 일찍이 밧모 섬에 귀양 가서 백 살이 넘게 살면서 기도 올리던 사도 요한을 천상으로 불러올리시어 충격적인 가을개벽 상황을 보여 주셨습니다. 백보좌 하나님인 바로 그 상제님께서, 1,800여 년 후에 동방 땅의 한 선비에게 친히 신교를 내리시어 도맥을 잇게 하신 것입니다.

수운 대신사는 '인류에게 새 역사가 열린다는 것을 선포하라'는 천명을 받고 '머지않아 상제님이 인간으로 강세하시어 만고에 없는 무극대도가 나온다'는 구원 소식을 전하였습니다. 대신사의 가르침의 핵심은 '시천주'입니다. 인간으로 오실 아버지 상제님을 잘 모심으로써 잃어버린 신교의 상제 신앙을 다시 회복하라는 것입니다. 그러나 수운 대신사는 유교의 한계를 벗어나지 못하여 천명을 이루지 못하였습니다. 그리하여 마침내 상제님께서 대신사 순도 8년 후에 친히 이 땅에 강세하셨습니다.

상제님께서는 동학의 참뜻과 이상이 당신께서 친히 인간으로 오시어 인류를 구원하는 무극대도를 열어 주심으로써 비로소 이루어진다고 선언하셨습니다. 삼신상제님으로부터 직접 천명과 신교를 받아내린 동학에서 신교의 부흥시대가 시작되었습니다.

신교는 인류 문화의 모태이자 생명의 젖줄인 뿌리 문화입니다. 그리고 신교에서 뻗어나간 유불선 각 종교는 줄기 문화라 할 수 있습니다. 이제 뿌리와 줄기, 꽃과 이파리의 모든 정수를 모아 열매를 맺는 가을철로 접어들었습니다.

열매는 가을이 되어야 나옵니다. 인류는 뿌리에서 멀어지면서 문명의 꽃을 활짝 피웠습니다. 그동안 신교의 종가宗家인 우리 민족은 온갖 고난과 역경 속에서도 뿌리를 잊지 않고 상제 문화를 지켜 왔습니다.

이제 우주의 가을을 맞아 상제님이 9천 년을 이어온 상제문화의 종주국에 원시반본 이치로 오셨습니다. 인간으로 오신 상제님의 도호는 '모든 것을 성숙시킨다'는 '증산甑山'입니다. 그래서 증산 상제님이 내신 구원의 도를 '증산도甑山道'라 합니다. 증산도는 상제님이 직접 여신 무극대도이며 열매 신교입니다.

열매 진리를 담은 후천 새 문화 교과서
『도전道典』

증산도에서는 증산 상제님의 생애와 가르침을 담은 『도전道典』을 성편하여 한민족의 신교문화와 상제 신앙에 큰 획을 그었습니다.

『도전』은 아버지 하나님이신 증산 상제님과 어머니 하나님이신 태모太母 고 수부高首婦님의 탄강과 생애, 행적과 말씀을 담고 있습니다. 『도전』은 종교의 가르침(敎)을 넘어 대우주의 순환과 인류 역사를 주재하시는 상제님의 열매 진리를 담고 있습니다. 그러므로 경전經典이라 하지 않고 『도전道典』이라 합니다.

증산도 안경전安耕田 종도사님은 안운산安雲山 태상종도사님을 모시고 30여 년에 걸쳐 증산 상제님의 발자취를 답사하고, 상제님과 태모님을 따르던 성도와 그 후손의 증언을 채록하였습니다. 이러한 답사와 증언을 충분히 반영하고 초기 기록을 철저히 고증하여 『도전』 초판을 간행하였습니다. 그 이후에도 11년에 걸쳐 답사와 증언 채록을 계속하고 초판을 재검토하여 2003년에 완간본을 내었습니다. 나아가 증산도 진리를 지구촌 전역에 전하기 위해 이 『도전』을 영어, 중국어, 일본어, 프랑스어, 독일어, 러시아어 등 6개 언어로 번역하였고 현재 힌디어 번역도 진행 중입니다.

『도전』은 인류에게 삶의 지침이 될 새 문화의 원전原典입니다. 『도전』 속에는 나와 민족과 인류가 던지는 모든 질문에 대한 답이 들어 있습니다. 오직 『도전』에서, 개벽 너머 열리는 후천 5만 년 세상, 새 역사의 비전을 찾을 수 있습니다.

『도전』은 상제님의 말씀이 담겨 있는 경전

Chapter 5

꿈의 시대가
펼쳐진다

하늘 땅이 새롭게 태어나는 우주의 가을철에는
인간 또한 태을주의 조화로 새롭게 태어난다.
태일이 되어 천지와 하나 된 광명의 인간으로
살아가는 꿈의 문명시대가 펼쳐진다.

들어가는 말

　사람은 누구나 갈등과 대립, 전쟁과 질병이 없는 세상에서 살기를 원합니다. 그런 희망이 모여서 인류가 평화롭고 행복하게 살아가는 아름다운 세상이 열린다면 그것이 곧 이상향, 지상낙원일 것입니다.

　성자들과 예언가, 미래학자들은 놀랍게도 우리가 꿈꾸던 그 세상이 현실로 펼쳐질 것이라 합니다. 다가올 세상은 갈등과 대립, 전쟁과 질병이 없고 누구나 장수하는 지상천국이 된다는 것입니다.

　'꿈은 이루어진다'는 말이 있습니다. 인류가 태고로부터 모신 우주의 주재자 상제님께서 이 세상에 오심으로써 인류는 바야흐로 새로운 꿈의 시대를 맞이하게 되었습니다. 새 희망의 태양이 떠오르는 찬란한 후천선경을 위해 우리는 무엇을 준비해야 할까요?

새로운 세상이 펼쳐진다

1) 새롭게 태어나는 인류와 지구

상제님과 태모님께서는 후천 세상이 되면 인간이 이렇게 달라진다고 하셨습니다.

모든 백성의 쇠병사장衰病死葬*을 물리쳐 불로장생不老長生*으로 영락*을 누리게 하리니 너희들은 환골탈태換骨奪胎* 되어 키와 몸집이 커지고 옥골풍채玉骨風采*가 되느니라. 앞 세상에는 여자에게 경도*가 없느니라. (『도전』 7:4:4~5, 5:288:6)

후천선경에는 수壽가 상등은 1200세요, 중등은 900세요, 하등은 700세니라. (『도전』 11:299:3)

> **쇠병사장**
> 늙고 병들어 죽음
>
> **불로장생**
> 영원히 늙지 않고 오래 삶
>
> **영락**
> 생활이 영화롭고 즐거움
>
> **환골탈태**
> 뼈를 바꾸고 태를 벗는다는 뜻으로, 몸과 얼굴이 몰라볼 정도로 아름답게 변하는 것
>
> **옥골풍채**
> 옥같이 희고 깨끗한 골격이라는 뜻으로, 고결한 풍채를 이르는 말
>
> **경도**
> 여성의 생리, 월경
>
> **도주국**
> 전 세계를 새로운 문화권으로 통일하는 종주국

후천 세상에는 누구나 키가 크고 훌륭한 모습을 갖추며, 최소 700살을 산다고 하셨습니다. 외모와 건강에 대한 고민이 완전히 해소되는 지상낙원이 된다는 것입니다.

인류는 다양한 민족만큼이나 다양하게 문화를 꽃피우며 서로 경쟁하고 투쟁하였습니다. 그러나 이제 뿌리를 찾아 성숙(원시반본原始返本)하는 때를 맞아 세계가 한 문화권으로 거듭납니다. 인류는 상제님의 가르침에 따라 살아가게 됩니다. 새 세상에는 문화의 중심이 되는 '세계 통일 정부'가 장손 민족이 사는 한국 땅에 세워집니다.

장차 조선이 천하의 도주국道主國*이 되리라. (『도전』 7:83:8)

이렇게 상제님 말씀대로 되리라는 것을 알 수 있는 현상들이 일어나고 있습니다. 지구촌에 한류 열풍이 불고 있는 것입니다. 세계인들이 한국의 드라마와 음악, 한글에 열광합니다. 최근에는 아리랑뿐 아니라 우리 애국가를 즐겨 부르는 모습이 유투브에 등장합니다. 이제는 한국 문화와 역사를 알고 싶어합니다.

이러한 흐름은 신교의 종주국 대한민국이 우주 가을철을 맞이하여 세계의 중심국으로 떠오르는 문화 현상으로 볼 수 있습니다.

2) 만사지 문화 시대

우주 가을철에는 인류의 영성이 천지와 더불어 환히 열려서 모든 것을 다 알게 됩니다. 상제님께서는 이러한 문화를 '만사지 문화'라 말씀하셨습니다.

만사지萬事知란 '인류의 지혜가 열려서 우주 안의 모든 것을 안다'는 뜻입니다. 제자리에 앉아서 만 리를 내다보고 모든 것을 통찰하는 것입니다. 다시 말해서 경험을 통해 얻는 세상의 지식[상대지, relative knowledge]을 넘어서서 모든 것을 아는 만사지[절대지, absolute knowledge]의 세상이 열리는 것입니다.

지금처럼 컴퓨터나 스마트폰을 작동시키는 것이 아니라, 해리포터처럼 주문을 외우며 하늘을 마음껏 날아다니고 자유자재로 자신의 모습을 바꾸는, 만화나 판타지 영화에서 볼 수 있는 일이 실제로 일어난다면 얼마나 즐겁고 행복할까요?

전 세계인이 소통하는 소셜네트워크(SNS) 페이스북facebook의 CEO 마크 주커버그Mark Elliot Zuckerberg도 "언젠가

는 텔레파시가 현실이 될 것을 믿는다."고 하였습니다. 미래
에는 말과 언어가 아니라 마음과 영성으로 서로 소통할 가
능성을 말한 것입니다. 그러나 만사지의 차원은 텔레파시로
통하는 정도가 아니라, 영이 환히 열려서 사물의 모든 것을
들여다보고, 우주와 진정으로 소통하는 것입니다.

　앞으로 후천 가을 세상이 되면 인간이 서로 마음을 환히
꿰뚫어 보게 되어 속일 필요도 없고, 속이려야 속일 수도 없
습니다. 또 지상의 인간과 천상의 신명이 서로 자유롭게 의사를
소통하여 거짓이 없는 세상이 됩니다.

Facebook CEO
마크 주커버그의 강연 장면　　　　텔레파시 상상도

광명 인간이 되는 길

1) 만사지의 첫 모델이 된 어린이

인류의 꿈이 이뤄지는 이토록 놀라운 새 세상은 어떻게 열릴까요? 인간의 영성이 환히 열리는 광명문화를 알 수 있는 놀랍고 신비로운 일이 100년 전에 실제로 있었습니다.

1905년 음력 9월 9일부터 다음 해 정월 보름까지 125일 간, 상제님의 명으로 수행을 한 어린 소녀가 있었습니다. 호연이라는 소녀입니다. 9살 호연이는 집중수행을 하여 영안 (영적인 세상을 볼 수 있는 눈)이 열렸습니다. 호연이는 신명의 모습과 소리, 짐승의 소리까지 알아들었습니다.

이 놀라운 이야기가 『도전』에 나옵니다.

자배기

자리끼
밤에 자다가 마시기 위하여 머리맡에 준비 하여 두는 물

하루는 형렬의 며느리가 상제님의 자리끼*로 숭늉을 자배기에 담아 뒷문 밖에 두었는데 난데없이 숭늉이 엎질러지니 사람들이 그걸 닦는다고 소란하거늘 호연이 이를 보며 웃음을 터뜨리는지라.

상제님께서 "왜 웃냐?" 하시니 호연이 연신 웃어 대며

"쥐란 놈들이 와서 새끼가 '물이 많아서 못 먹겠다.'고 하니 어미쥐가 '발로 그릇을 눌러라. 엎질러서 땅으로 내려지거든 주워 먹어라.' 하잖아요.

그런데 새끼라서 못 엎지르니 어미가 대신 해 주었는데 갑자기 물이 엎질러지니 쥐들은 들킬까 봐 도망가 버리고 밖에 있는 사람들은 그걸 닦아 낸다고 저 야단인데 안 우스워요?" 하니라. (『도전』 4:64)

쥐들이 하는말이 너무 웃겨

앗! 도망가

마치 동화처럼 어미 쥐와 새끼 쥐의 대화를 엿듣는 소녀 이야기, 참 신비롭지 않나요? 만물의 겉모습뿐 아니라 내면까지 들여다보는 삶은 그야말로 상상 이상으로 놀라운 것입니다.

인류는 어떻게 이런 경지에 도달할 수 있을까요? 그 방법은 바로 상제님께서 호연에게 시키신 수행에 있습니다. 태고 시절*의 광명문화를 부활시키는 수행 공부가 바로 그 답인 것입니다.

태고 시절
아주 먼 옛날

2) 광명의 본성을 회복하는 수행문화

우리 선조들은 오랜 옛날부터 상제님께 청수를 올리고 주문 수행을 함으로써 소원을 성취하는 신비한 체험을 많이 해 왔습니다. 『환단고기』의 『삼성기』 상편을 보면, 배달을 세우신 환웅천황께서도 주문 수행으로 공을 이루셨다는 내용이 전합니다. 이처럼 태고 시절부터 우리 조상님들은 인간 본성의 대광명을 실현하기 위하여 수행을 했습니다.

『환단고기』를 자세히 보면 환웅천황을 비롯하여 황비이신 웅녀, 단군 성조, 고주몽 성제, 을지문덕* 등 위대한 공을 세운 분은 물론이고 백성들도 21일 정성 수행으로 삼신상제님의 가르침을 받아 지혜롭게 생활했다는 기록이 여러 곳에 있습니다. 이 수행문화는 실로 민족문화의 핵심이라 할 수 있습니다. 그런데 이 신교문화와 수행문화가 미신으로 잘못 인식되고 있습니다.

우리는 왜 수행을 해야 할까요?

우주가 여름에서 가을로 넘어가는 때의 자연섭리는 원시반본입니다. 모든 것의 근원을 밝히고 뿌리로 돌아가야 열매를 맺을 수 있습니다. 생명이 열매를 맺는 길은 태고 시절

을지문덕
고구려 영양왕 때 살수 대첩을 이끈 고구려의 장군. 『환단고기』「고구려국본기」에 따르면 을지문덕은 고구려 석다산 사람으로 일찍이 산에 들어가 도를 닦다가 삼신의 성신이 몸에 내리는 꿈을 꾸고 신교 진리를 크게 깨달았다고 한다.

부터 해 온, '내 안에 잠재되어 있는 하나님의 본성'을 회복하는 것입니다. 수행을 해야 본성을 회복할 수 있습니다.

수행修行은 닦을 수修 자에 행할 행行 자로, 내 몸과 마음을 닦는 것입니다. 본래 나의 주인, 내 몸과 내 인생을 경영하는 주인인 마음을 닦는 것입니다. 내 생명을 천지 생명과 하나 되게 하여 영원한 생명으로 다시 태어나게 하는 것이 바로 수행입니다.

여러분도 학교에서 한 번씩은 수련을 해 보았을 겁니다. 수련도 수행처럼 닦고 연마한다는 뜻입니다. 그러나 수행은 몸과 마음을 닦는 수련의 의미를 넘어서 몸과 마음의 병까지 치유합니다. 수행을 뜻하는 meditation에는 '치유'라는 의미도 들어 있습니다.

현대인은 대부분 몸과 마음에 병이 있습니다. 병은 기혈이 막히고 맺혀서 생깁니다. 몸의 한두 곳이 막혀서 생체 리듬과 균형이 깨지면, 기혈 순환과 영양 공급이 원활하지 않은 부위가 병듭니다. 아픈 곳이 생기면 다른 곳도 영향을 받아 안 좋아지고, 결국 몸 전체에 영향을 미칩니다.

마음의 원리도 이와 같습니다. 욕심이나 분노, 슬픔, 공포 같은 감정이 지나치면 마음은 병이 듭니다. 그러면 고통을 받고, 우울증이 생기거나 어리석고 난폭한 행동을 하기도 합니다.

성적,
스트레스

몸과 마음은 다 중요하지만 더 근본적인 것은 마음입니다. 현대의학에서도 '70%는 마음의 병'이라 합니다. 마음이 맺히는 현상을 보통 스트레스라 말합니다. 청소년들은 과도한 학교 공부와 학원 공부, 친구나 부모와의 갈등으로 스트레스를 많이 받습니다. 그래서 자신도 모르게 욕설을 하거나 싸우고, 성격이 달라지기도 합니다.

청소년뿐만 아니라 현대인들은 스트레스를 해결해 보려고 좋은 음악을 듣고 적절한 운동과 마사지를 하고, 좋은 음식을 찾습니다. 그러나 근본적으로 해결되지는 않습니다. 그래서 요즘은 영혼의 안식을 주는 수행문화에 관심을 가지는 사람이 많아지고 있습니다. 미국의 전 부통령인 앨 고어 Al Gore, 헐리우드의 유명한 배우 리처드 기어Richard Gere 같은 사람도 매일 수행을 하며 몸과 마음을 치유한다고 합니다.

미국의 유명 시사 주간지 〈타임〉에서도 수행의 효능을 뒷받침하는 의학적 근거를 소개하고 '수행은 동양의 신비한 미신이 아니라 몸과 마음을 치유하는 과학'이라 예찬하는 내용을 발표하였습니다. 그만큼 전 세계적으로 수행문화에 대한 관심이 크다는 것을 알 수 있습니다.

그러면 건강을 위해서만 수행을 하는 것일까요? 수행은 몸과 마음을 건강하게 하는 차원에 그치지 않습니다. 수행의 진정한 목적은, 나의 영성을 깨워서 진정한 나를 찾고, 인간 완성의 길로 나아가는 데 있습니다. 우리 선조들은 이러한 수행의 효과를 알고 생활 속에서 꾸준히 수행했습니다.

3장 '신교의 가르침'에서 사람은 천지의 자녀이고, 천지는 인간의 큰 부모님이라는 것을 배웠습니다. 사람은 어린 시절에 부모님과 소통하고 그 뜻을 잘 따르지만, 좀 크면 마치 제 스스로 세상에 태어난 것처럼 멋대로 행동하려 합니다. 인류도 우주의 봄철과 여름철을 살면서 점점 천지부모님을 잊고, 하늘의 뜻을 잊어버리게 되었습니다.

무엇이든 근원에서 멀어지면 불안하고 병이 나기 마련입니다. 오늘날 물질적으로는 풍요로워졌지만 우울증, 불면증이 증가하고 있습니다.

아~
마음이
안정돼

아름다운
음악

이런 경향은 우리가 근원에서 멀어졌기 때문입니다.

그렇다면 우리는 '어떻게' 수행해야 무한한 신성*을 회복하여 진정한 '천지의 자녀'로 태어날 수 있을까요?

신성
신과 같이 성스러움

3) 수행문화의 핵심, 주문

수행의 핵심은 주문呪文을 외우는 것입니다. 주문이 무엇인지 모르는 청소년도 많을 것입니다. 하지만 우리는 문화 속에서 자연스럽게 '주문'을 접하고 있습니다.

영화 〈해리포터〉를 보면 지팡이를 들고 정신을 집중하여 "윙가르디움 레비오싸"라고 외치는 장면이 나옵니다. 이게 바로 주문입니다. 〈해리포터〉에는 다양한 주문이 나옵니다. 또 대중가요 가사에 들어 있는 "아브라카다브라", "수리수리" 이런 것도 주문입니다.

세상에서는 주문을 '소원을 이루게 하는 글귀' 정도로 압니다. 하지만 주문은 더 큰 의미가 있습니다.

주문은 '천지의 신성과 생명을
나의 몸과 마음과 영 속으로 빨아들이는 글'이야.

빨 주呪
글월 문文

신성 회복은
천지부모와
하나 되는
주문 수행을
통해서
이루어져.

『환단고기』에는 환국, 배달, 조선(신교문화)의 수행법이 고구려 때까지 이어졌다고 나와 있어. 을지문덕 장군도 신교 수행법으로 도통을 했어. (『태백일사』「고구려국본기」)

주문은, 빨 주呪 자에 글월 문文 자로 아기가 엄마 젖을 빨듯이 '대자연의 생명과 지혜를 빨아들이는 글'이라는 뜻입니다. 주문을 반복해서 읽으면 그 주문에 상응하는 우주의 신성한 에너지와 연결되어서 그 에너지를 흡수하게 됩니다. 마치 라디오 방송을 들으려 할 때 주파수를 맞추어서 그 채널의 방송을 들을 수 있는 것과 같습니다.

사람은 소리를 떠나서 살 수 없습니다. 우주 본성은 소리입니다. 현대 과학에서도 우주 공간이 소리로 채워져 있다는 것을 발견하였습니다. 최첨단 우주론의 하나인 '끈 이론'에서는 "모든 물질은 끈에 의해 진동하는 음악 그 자체다."라고 합니다. 소리는 음악입니다. 신의 언어, 우주의 언어, 깨달음의 언어, 인간이 대자연과 하나 되게 하는 암호가 바로 주문입니다.

그러므로 주문을 읽는 것은 신을 노래하는 것이요, 자연의 본성을 노래하는 것입니다. 주문은 생명의 근원으로 돌아가게 하는 신의 음악이자 우주 음악입니다.

사람이 좋은 소리를 많이 내고 들으면 밝고 건강해지고, 안 좋은 소리를 많이 접하면 병이 듭니다. 이것은 너무도 당연합니다. 이런 현상을 TV 프로그램에서 식물을 대상으로 실험하여 보여준 적이 있습니다. A라는 식물에게는 '사랑

양자물리학자 미키오 카쿠는 자연의 분자들의 기초적 힘을 마치 다른 진동수나 다른 성조로 진동하는 바이올린의 현처럼 진동하는 에너지의 끈으로 묘사한다. "물질이 무엇인가?"라는 오래된 질문에 대한 답으로 그는 말한다. "그 답은 물질이 G음이나 F음처럼 끈의 다른 진동 형태의 입자로 구성되어 있다는 것뿐이다. 끈에 의해 창조된 음악은 물질 그 자체이다."

- 『Chanting』, Discovering Spirit in Sound by Robert Gass, p.37

사랑해
미워

해'라는 말을 많이 하고, B라는 식물에게는 '미
워'라는 말을 많이 하는 실험이었습니다. 그 결과
'사랑해'라는 말을 들은 식물은 건강하게 무럭무
럭 자랐지만, '미워'라는 말을 계속 들은 식물은
말라 죽었습니다. 우리가 쓰는 말의 에너지에 따
라 생명이 살고 죽는다는 것을 알 수 있습니다.

성공하는 사람들의 비밀을 담은 『시크릿Secret』에도 바로
말의 힘, 자기 암시의 힘을 말합니다. 시험을 보기 전이나
어떤 일에 도전할 때 스스로 "나는 할 수 있다!" 이렇게 여러
번 외치는 것은 자신에게 에너지를 주는 하나의 주문이 됩
니다.

평소에 우리가 쓰는 말도 주문이 될 수 있지만, 진짜 주문
은 깨달은 성인이 대우주 속에 울려 퍼지는 성스러운 소리를 듣
고 인류에게 전한 글입니다. 그래서 '신의 노래, 우주의 노래'

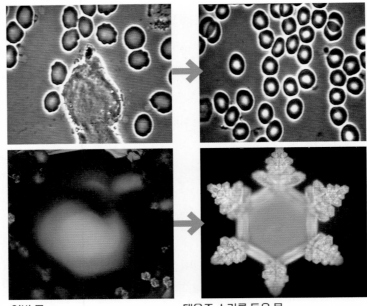

태을주의 신성을 보
여주는 물 결정
청수를 모시고 약 두
시간에 걸쳐 태을주
를 읽은 후, 물이 태을
주 소리에 어떻게 응
답하는지 사진을 찍
었다.

일반 물 　　　　　　　　　　　　태을주 소리를 들은 물

라고도 합니다. 인간이 하늘땅과 하나 되기 위해 부르는 '생명의 노래'인 것입니다.

우리는 좋아하는 노래를 부르면 기분이 좋아지고 마음이 밝아집니다. 신성한 에너지로 가득한 우주의 노래를 부르면 몸과 영혼이 어떻게 될까요?

주문을 읽으면 세포 하나하나가 살아나고 내 생명과 영혼에 드리운 어둠이 걷히고 본래의 밝은 신성을 회복하게 됩니다. 주문은 천지의 광명과 나의 신성이 하나가 되도록 연결하는 매개체입니다.

그래서 주문을 많이 읽으면 천지의 광명과 하나 되어 살던 태고 황금 시절의 인간과 같이 빛나는 존재가 될 수 있습니다. 태고 시대 인간이 누리던 신성과 영적 지혜를 회복한 광명 인간, 즉 태일太ㅡ 인간이 될 수 있는 것입니다.

이제 우주의 가을 세상이 되면 주문 수행이 보편적 생활 문화가 되어서, 모든 사람이 신적 존재로 살아갑니다.

마음을 비우고 천지와 하나 되는 일심으로
주문을 정성껏 읽으면 삼신에게서 부여받은 본래의
밝은 성품, 밝은 영성을 회복하여 태일 인간이 될 수 있다.

영성   회복

성숙한 가을의 태을주太乙呪 수행법

1) 상제님께서 내려 주신 생명의 노래

우주의 봄여름에 근본에서 멀어진 인류가 다시 근본을 찾아 가을 우주의 새 생명으로 태어날 수 있도록 상제님께서 인류에게 내려 주신 열매 주문이 있습니다. 그것은 '태을주太乙呪'입니다. 상제님께서는 많은 주문을 전해 주셨지만 그 중에서도 태을주를 가장 으뜸으로 여기셨습니다.

가을 우주의 정신은 근원을 찾아 뿌리로 돌아가는 원시반본이기 때문에 지금은 뿌리 찾는 주문, 태을주 수행을 바탕으로 해야 합니다.

상제님께서 태을주를 내려 주시며 다음과 같은 말씀을 하셨습니다.

태을주를 읽어야 뿌리를 찾느니라. (『도전』 7:74:5)

왜 태을주가 뿌리를 찾는 주문인지 살펴보겠습니다.

태을주는 "훔치 훔치 태을천 상원군 훔리치야도래 훔리함리사파하" 이렇게 스물석 자로 이루어져 있습니다. 마지막 구절인 '훔리치야도래 훔리함리사파하'는 '구축병마주驅逐病魔呪'*입니다. 병마(몸과 마음을 병들게 하는 영적 존재)를 몰아내는 주문이라 해서 아주 오래 전부터 도가와 불가에서 많이 읽었습니다.

이 구축병마주를 19세기 말 전라도 함평咸平에 살던 김경

> **구축병마주**
> '질병과 잡귀를 몰아내는 주문' 또는 '병마를 물리치게 하는 주문'

수라는 도인이 50년 동안 일심으로 읽었습니다. 그런데 "태을천 상원군을 붙여 읽어라."는 하늘의 소리를 들었습니다. '태을천 상원군'님이 어떤 분이시기에 하늘에서 신의 음성으로 알려 주셨을까요?

상제님께서는 이렇게 말씀하셨습니다.

> 태을천 상원군은 하늘 으뜸가는 임금이니 오만 년 동안 동리동리 각 학교에서 외우리라. (『도전』 7:75:2)

태을천 상원군님은 태을천을 주재하시는 분입니다. '태을천'은 인간의 영혼이 태어난 곳으로 '우주의 자궁'과 같습니다. 모든 인간은 이 태을천에서 영혼이 생기고 북두칠성의 기운을 받아서 세상에 태어납니다. 태을천은 우리의 '영혼의 고향'과 같습니다.

뿌리로 돌아가야 하는 이때에 태을천 상원군님의 기운을 받는 것은 아주 중요하고 절대적입니다. 그래서 하늘에서 김경수 대성사에게 '태을천 상원군을 붙여 읽어라'는 계시를 내려 주신 것입니다.

太乙呪

훔치 吽哆 吽哆 훔치
太乙天 태을천
上元君 상원군
吽哩哆哪都來 훔리치야도래
吽哩喊哩娑婆訶 훔리함리사파하

"'훔치'는 천지부모를 부르는 소리니라."
(도전 7:74:1)

태을천 상원군님은 놀랍게도 조선시대 최고의 의서, 『동의보감』에도 나옵니다. 당시에 가장 무서운 병은 '마마' 즉 시두*, 천연두였습니다.

시두 치료법에 대해 『동의보감』에는 "매화를 복용하면 두창이 나는 것을 면할 수 있다.… 꿀로 감실만 한 크기로 환을 만들어 매번 1환씩 좋은 술로 녹여 먹으면서, '태을구고천존'을 일백 번 외우면, 묘하기가 말로 다할 수 없다."라고 전합니다.

여기서 '태을구고천존太乙救苦天尊'은 '태을천의 높은 곳에서 민중을 고통에서 구하시는 존귀한 분'이라는 뜻입니다. 바로 태을천 상원군의 다른 표현입니다.

실제로 당시에 많은 사람이 태을구고천존을 외워서 두창이 사라지는 것을 체험했습니다. 약으로 낫지 않던 전염병 시두가 주문을 외우니 나은 것입니다.

태을주의 첫 부분 '훔치 훔치'는, 상제님께서 붙여서 읽으라고 직접 가르쳐 주신 것입니다. 상제님께서 '훔치 훔치'를 덧붙여 주심으로써 태을주가 비로소 완성되었습니다.

상제님께서 '훔치 훔치'를 덧붙여 주시면서 이렇게 말씀하셨습니다.

> 훔치는 천지부모를 부르는 소리니라. 송아지가 어미를 부르듯이 창생이 한울님을 부르는 소리요, 낙반사유落盤四乳는 '이 네 젖꼭지를 잘 빨아야 산다.'는 말이니 '천주님을 떠나면 살 수 없다.'는 말이니라. (『도전』 7:74:1-4)

'훔치 훔치'는 송아지가 어미 소를 음매음매 하고 부르듯이 인류가 생명의 뿌리인 천지부모님을 찾고 부르는 소리입니다.

시두
두창 바이러스가 원인이 되어 발병하는 급성 전염병이다. 두창, 천연두, 포창, 마마손님 등으로도 불리는 시두는 유사 이래 가장 많은 인명을 앗아간 전염병의 하나이다.

한의학 최고의 의학서 『동의보감』에 실린 시두 처방

'훔'은 우주 안에 있는 모든 소리를 머금은 근원 소리이며, 천지 만물을 통일하는 가을 생명의 소리입니다. 수행문화가 발달한 인도에서도 훔을 우주의 완성 소리라 합니다. 불교에서는 팔만대장경 법문을 한 글자로 함축한 것이 훔이라 할 만큼 훔을 성스러운 소리로 여깁니다. 예로부터 훔은 인간이 탄생하는 생명의 본원 자리라고도 했습니다. 사람을 뜻하는 영어 human이 'hum+man'에서 왔다는 해석도 있습니다. '훔 소리가 인격화된 존재'가 바로 인간이라는 것입니다.

인도계 미국 의학자 디팍 초프라Deepak Chopra는 이 훔 사운드를 암세포에게 들려주는 실험을 했습니다. 그랬더니 놀랍게도 암세포가 터져 버렸습니다. 반면에 다른 세포는 더 건강하게 자라는 것을 확인하였습니다. 이처럼 훔에는 생명을 건강하고 완전하게 하는 힘이 들어 있습니다. 그래서 훔을 '홀리스틱 사운드Holistic sound'라고도 부릅니다.

따라서 훔을 근본으로 하는 태을주는 모든 주문의 뿌리가 되는 종자 주문이고 으뜸 주문인 것입니다.

2) 태을주의 권능

이 태을주를 읽으면 어떤 조화가 일어날까요? 상제님께서는 태을주의 신비롭고 놀라운 권능을 이렇게 말씀하셨습니다.

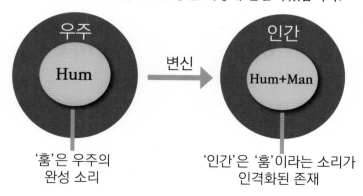

우주 — Hum — '훔'은 우주의 완성 소리

변신

인간 — Hum+Man — '인간'은 '훔'이라는 소리가 인격화된 존재

만사무기 태을주萬事無忌 太乙呪

만병통치 태을주萬病通治 太乙呪

소원성취 태을주所願成就 太乙呪

포덕천하 태을주布德天下 太乙呪

광제창생 태을주廣濟蒼生 太乙呪

만사여의 태을주萬事如意 太乙呪

무궁무궁 태을주無窮無窮 太乙呪

태을주는 여의주如意珠, 여의주는 태을주니라. (『도전』 7:75:5~6)

만사무기! '모든 일에 거리낌이 없다'는 뜻입니다. 태을주
를 읽으면 모든 일을 장애 없이 뜻대로 할 수 있는 권능이
생깁니다.

만병통치! 말 그대로 '세상의 모든 병을 치유한다'는 것입
니다. 태을주는 크고 작은 병을 막론하고 치유하는 기적을
일으킵니다.

소원성취! 태을주는 그 어떤 주문보다 강력하게 내가 바라
는 바를 이루게 합니다.

포덕천하와 광제창생! 앞으로 가을 대개벽기에 태을주로
사람을 많이 살리게 된다는 말씀입니다. 우주의 환절기를
극복하는 방법은 상제님이 내려 주신 구원의 약 태을주를
잘 읽는 것입니다.

만사여의! 무궁무궁! 모든 일을 뜻대로 하는 태을주의 권능
은 끝이 없기 때문에 상제님께서 '무궁무궁 태을주, 태을주
는 여의주'라고 말씀하셨습니다.

일제시대 때 우리나라 인구의 1/3이 보천교를 믿고 상제
님을 신앙할 수 있었던 힘도 사실은 태을주에 있었습니다.

제1차 세계 대전 당시 1918년에 발생한 스페인 독감이 전

세계를 돌아 우리나라에도 들어왔습니다. 이 독감으로 전국 각지에서 14만 명이 생명을 잃었습니다. 하지만 태을주를 읽는 도인들이 병에 걸리지 않자, '태을주 읽으면 누구나 낫는다'는 소문이 널리 퍼졌습니다. 그리하여 수많은 사람이 보천교를 신앙하고 태을주를 읽어 치유의 은혜를 받았다는 기록이 전합니다. 그야말로 '만병통치 태을주'를 확실히 보여준 역사적 사건이었습니다.

태을주가 스페인 독감을 막아 낸 원리는 '태을주는 수기 水氣저장 주문이라' 하신 상제님의 말씀에서 찾을 수 있습니다. 시두나 스페인 독감은, 몸에 있는 화기와 수기의 균형이 깨져서 생깁니다. 태을주를 읽으면 신장腎臟의 수기 즉 정기가 쌓이고, 면역력이 강화됩니다. 따라서 수기가 말라서 죽는 전염병에 걸려도 태을주를 읽어서 살아남을 수 있었던 것입니다.

태을주의 권능에 대해 상제님은 이런 말씀도 하셨습니다.

태을주는 뿌리 찾는 주문이요 선령 해원 주문이니라. (『도전』 9:199:7)

실제로 태을주를 꾸준히 읽은 청소년 중에, 폐암으로 일찍 세상을 떠나신 아버지를 만난 사례가 있습니다. 아버지를 위해 천도식을 올리며 태을주를 읽는데 아버지께서 나타나셔서 "길을 잘 닦아 주어서 고맙다."라고 말씀을 하셨다고 합니다. 돌아가신 아버지가 눈앞에서 말씀까지 하시다니! 현대 과학이나 상식으로 도저히 이해하기 어려운 일이 태을주의 조화 세계에서는 일어나는 것입니다.

안운산 태상종도사님께서는 '제1의 하나님은 자기 부모와 조상'이라 하셨습니다.

내 생명의 첫째 뿌리는 부모님과, 부모님을 낳아 주신 조상님입니다. 그분들이 계시지 않았다면 세상에 태어나지 못했을 것이니, 당연히 내 생명의 절대적 뿌리가 되십니다. 그래서 상제님께서도 이런 말씀을 내려 주셨습니다.

> 부모를 경애하지 않으면 천지를 섬기기 어려우니라. … 이제 인종 씨를 추리는 후천 가을운수를 맞아 선령신을 박대하는 자들은 모두 살아남기 어려우리라. 조상은 아니 위하고 나를 위한다 함은 부당하나니 조상의 제사를 극진히 받들라. 사람이 조상에게서 몸을 받은 은혜로 조상 제사를 지내는 것은 천지의 덕에 합하느니라. (『도전』 2:26)

뿌리로 돌아가야 하는 이때에 부모님과 조상님을 올바르게 모셔야 합니다. 조상님의 앞길을 열어 드리는 태을주 수행은 자손 된 도리로서도 마땅히 해야 할 일입니다.

열매 문화는
뿌리 시대의 광명문화로 돌아가는 것

『환단고기』를 보면 장차 열릴 광명문화의 모습을 알 수 있습니다. 광명문화는 인류가 한마음으로 삼신상제님을 섬기고 밝은 신성으로 신선처럼 무병장수하는 황금시대의 문화입니다. 광명문화가 가을의 열매 문화로 다시금 활짝 열리는 것입니다. 과연 어떤 이치로 황금시대 문명이 다시 열릴까요? 그 이치는 바로 원시반본原始返本*이라는 자연 섭리입니다.

지금까지 인류는 뿌리 문화와 줄기 문화 시대를 살았습니다. 뿌리 문화 시대에 인류는 신교 문화권 안에서 삼신상제님을 받들었습니다. 줄기 문화란, 하나의 나무에서 수많은 줄기가 뻗어 나가듯이 신교가 유교, 도교, 불교, 기독교, 이슬람교와 같은 다양한 종교로 뻗어 나간

원시반본
원시반본의 문자적인 뜻은 근원 원原, 처음 시始, 돌이킬 반反, 근본 본本으로 처음 시작한 뿌리 자리로 돌아간다는 뜻이다. 콩을 심으면 싹이 나오고 줄기가 뻗어서 콩깍지가 만들어지는데 그 안을 들여다보면 처음에 심은 콩과 같은 콩의 모습이 들어 있는 것을 볼 수 있다. 이처럼 가을이 되어 모든 생명이 제 모습과 같은 열매를 맺는 것을 원시반본이라 한다.

가을이 되면 모든 것이 하나로 통일되어 뿌리로 돌아간다.

가을이 되면 세계 곳곳에서 펼쳐지던 줄기 문화인 유·불·선·기독교를 비롯한 모든 문화가 원시반본의 섭리에 따라 근본으로 돌아가 통일된다.

유교 불교 도교 기독교

신교

것입니다.

뿌리에서 뻗어 나간 이 줄기 문화, 유불선 기독교는 원시반본 섭리에 따라 고향으로 돌아와서 통일됩니다. 열매 문화 시대에는 인간이 환단의 광명을 받아 신적인 존재로 살아갑니다. 우주 가을 세상에서 새로운 황금시대를 살게 되는 것입니다.

여기서 우리가 반드시 새겨 두어야 할 것이 있습니다. 자신의 뿌리를 바로 찾고 잘 받들어야 한다는 것입니다. 뿌리란 개인에게는 집안 조상이요, 민족에게는 민족의 시조입니다. 인류 전체에게는 시원 역사이며, 생명으로 볼 때는 만유생명의 근원이신 삼신상제님입니다. 특히 제 조상을 박대하고 부정하는 사람은 '뿌리 잃은 존재'가 되어 소멸될 수밖에 없습니다.

인간이 환단의 광명을 받아 신적인 존재로 살던 '뿌리 신교'가 열매로 부활해!

환국	배달	조선	열국 시대	사국 시대	남북국 시대	고려	조선	대한 민국
			북부여 남삼한	고구려, 백제, 신라, 가야	대진(발해) 통일신라			

우주의 가을 세상에서 인간은 새로운 황금시대를 살게 된대.

3) 놀랍고 신비로운 태을주 체험사례

태을주 수행으로 조화를 체험한 사례는 매우 많습니다. 대표적인 몇 가지를 소개하겠습니다.

여드름으로 고생했는데 정말 거짓말처럼 여드름이 사라졌어요

(최OO, 17세, 대구시)

저는 고등학교에 올라오면서 여드름이 너무 심해 고민이 많았어요. 여드름 때문인지 피부도 늘 벌겋게 달아오른 것처럼 보였거든요. 저도 외모에 신경 쓰고 싶은데 정말 속상했어요. 짜증이 나니 괜히 부모님께도 화를 내고 성격도 달라진 것 같았어요. 친구들은 '멍게'라 놀리기도 했는데, 놀림이 심하면 참다못해 싸우기도 했어요. 피부과에 가서 치료도 받아보고 엄마가 여드름에 좋다고 발라 보라는 것을 이것저것 발랐지만 큰 효과는 없었어요.

그런데 '태을주를 읽으면 얼굴이 좋아진다'는 엄마 친구의 말씀을 듣고 도장에서나 집에서 태을주를 열심히 읽어 보았어요. 매일 거울을 보며 확인하던 저는 별다른 변화가 없어서 '정말 얼굴이 좋아지기나 할까' 의문이 들었습니다.

한 달 정도 지났을까요? 거울을 보던 저는 여드름이 사라져 가고 피부색도 많이 달라진 것을 알 수 있었어요. 정말 기분이 좋았어요. 친구들의 반응은 더 폭발적이었어요. 그런데 태을주 때문이라고 이야기를 해도 친구들은 잘 믿지 않더군요. 태을주는 정말 체험한 사람이 아니면 믿지 못할 것 같아요. 저도 첨엔 그랬으니까요.

낫지 않던 아토피가 태을주를 읽고 나았어요!

(강OO, 29세, 세종시 조치원읍)

저는 학창시절 지독한 아토피 환자였습니다. 팔이며 다리, 목에까지 아토피가 심해서 여름에는 짧은 옷을 못 입고 다닐 정도였습니다. 아토피 피부의 가려움은 경험하신 분은 아시겠지만 정말 뼛속이 가렵다는 느낌이랄까, 이성으로 통제할 수 없는 가려움입니다. 청바지를 입고도 손톱으로 피부를 긁을 땐 벅벅 소리가 납니다. 당시 의사 선생님이 "너무 심하면, 진통제 같은 것을 놓아야 한다. 저렇게 매일 살다가는 정신까지 다친다. 지금 다니는 학교는 당장 쉬는 것이 좋겠다."고 말했습니다.

저는 너무 힘들어서 매일 밤 제발 낫게 해 달라고 간절히 기도를 했습니다. '앞으로 내가 계속 이렇게 살아가야 한다면 차라리 자살이라도 해야 하나?' 이런 생각도 들었습니다. 제가 청소년으로서 꿈을 꾸는 건 그 다음 문제였습니다. 그러다가 대학교에 입학해서 태을주를 알게 되었습니다. '태을주를 읽으면 나을 수 있다'는 말에 정말 지푸라기라도 잡는 심정으로 증산도 도장에 다니면서 열심히 태을주 수행을 했습니다.

그런데 정말 믿기지 않는 일이 일어났습니다. 도장에서 태을주 수행을 꾸준히 했는데 한 달, 두 달, 시간이 지나면서 피부가 점점 좋아지기 시작했습니다. 주위에서도 "피부가 정말 깨끗해졌다. 요새 무슨 제품을 쓰니?" 하고 많이 물었습니다. 아토피는 현대의학에서도 치료법이 없는 불치병입니다. 그런데 태을주 수행으로 거짓말처럼 아토피가 낫는 것이었습니다.

그렇게 태을주 수행의 기쁨을 알아가고 있을 즈음, "아토피가 다 나았네!"라는 말을 듣기 시작했습니다. 점점 긁지 않는 제 모습을 발견하고는 '내 인생에 이런 날도 올 수 있구나!'라고 감탄했고, 지난 시간들이 떠올라 눈물이 났습니다.

요즘 주위에서 저만 보면 도대체 뭘 했길래 이렇게 피부가 깨끗해졌느냐는 말을 자주 듣습니다. 그동안 저 때문에 힘든 시간을 보낸 가족과 친척들도 태을주의 신비로운 능력에 모두 놀랐습니다.

저는 태을주로 새로운 삶을 얻었습니다. 정말 감사할 따름입니다. 이제 가족들도 저와 함께 도장을 다니며 태을주를 읽고 있습니다.

태을주를 꾸준히 읽으니 척추측만증이 사라졌어요

(이〇〇, 18세, 부산광역시)

저는 중학교 2학년 때부터 허리가 좋지 않아 병원에서 진단을 받았어요.

의사 선생님은 척추가 옆으로 휘어진 척추측만증이라 하며 더 심하면 수술을 해야 한다고 했어요. 그리고 학교에서도 반듯하게 앉는 자세를 권하셨어요. 걱정이 되었지만, 평소 습관이 되어서 그런지 엎드리거나 구부정하게 앉는 게 편했어요. 허리를 반듯하게 펴서 앉으면 오래가지 못하고 불편했어요. 그러다 보니 허리는 별로 낫지 않은 상태로 계속 지내게 되었어요.

그러던 중 중학교 3학년 때, 아빠가 머리도 맑아지고 자세도 좋아질 거라며 태을주 수행을 같이 해 보자고 하셨어요. 아빠도 태을주 수행을 하신 뒤로 건강도 좋아지신 듯하여 '나도 한번 해 볼까?' 하고 호기심에 아빠를 따라 도장을 다녔어요. 매일 1시간 이상씩 태을주 수행을 했는데, 꾸준히 하다 보니 어느 순간 내가 허리를 반듯하게 펴고 있는 모습을 알게 되어

깜짝 놀랐어요! 약 1년 정도 그냥 꾸준히 수행을 했어요. 그러자 허리가 아프지 않길래 병원에 가서 확인을 해 보았어요. 의사 선생님도 많이 놀라더라구요. 어떻게 운동했느냐고 하며 허리가 정상으로 반듯하게 되었다는 거예요! 정말 놀랍고 신기했어요.

단지 태을주를 매일 꾸준히 읽었을 뿐인데 굽었던 척추가 바로 세워졌어요. 덕분에 성격도 많이 밝아졌어요!

교통사고로 뇌사상태에 빠진 나를 깨워 주신 조상님

(박OO, 18세, 창원시)

초등학교 3학년 때 친척 장례식에 가다가 가족이 탄 차가 트럭에 부딪히는 사고가 났습니다. 제가 타고 있는 쪽으로 부딪혀서 저는 두개골이 함몰되고 장기도 손상되어 뇌사상태에 빠졌습니다.

의사 선생님은 '준비(사망 가능)를 해야 한다'고 가족들에게 말했습니다. 그런데 부모님은 상제님과 조상님께 꼭 살려달라고 간절히 기도드리며 태을주를 계속 외우셨다고 합니다.

저는 뇌사 3일 만에 깨어났는데 그때를 잊지 못합니다. 제가 누워 있던 병원 침대를 기준으로 부모님, 친척들이 계시고 그 옆에 조상님들이 계시는 것이었어요! 순간 저는 '아! 조상님들 덕에 내가 살아날 수 있었구나!' 하고 생각했습니다.

부모님의 간절한 태을주 수행과 기도로 저는 기적같이 깨어났습니다. 저는 지금 아무렇지도 않게, 건강하게 생활하고 있습니다.

(장○○, 55세, 서울시)

도장에서 눈을 살며시 감고 태을주를 읽기 시작하였는데 눈앞이 금빛으로 펼쳐지면서 산봉우리들이 보이고, 아름다운 나무가 보였습니다. 산새 소리도 들렸습니다. 수행을 하면 저의 몸은 백두산 천지에 가 있는 경우가 많았습니다.

어느 날은 한참 태을주 수행을 하다 보니 뜻밖에 아버지와 할아버지가 나타나셨습니다. 돌아가시고 나서 너무 뵙고 싶었던 그리움에 제가 "아버지!" 하고 불렀더니 아버지는 한없이 우시면서 "왜 이제 왔느냐."라고 하셨습니다.

아버지는 제가 몇 년을 가슴 속에 묻어두었던 가정사를 말씀하셨습니다. 아주 긴장하고 조급해하시는 심정이 느껴졌습니다. 저도 그런 심정이 느껴져서 한없이 눈물이 쏟아졌습니다. 아버지의 말씀을 듣고 나서야 가정 문제가 왜 그렇게 힘들고 복잡하게 되었는지 알게 되었습니다.

태을주 수행은 보이지 않는 원인까지도 알 수 있게 해 주었습니다.

이러한 사례들에서 보듯이, 태을주의 조화세계는 헤아릴 수 없이 무궁무진합니다. 태을주를 읽어서 체험한 세계는 너무도 신비롭습니다.

4) 꼭 알아야 할 수행 원리

태을주를 읽어 건강도 좋아지고 신비로운 체험도 하게 되는 '수행 원리'에 대해 알아볼까요?

우리 몸에는 생명의 기운이 모이는 곳이 세 군데 있습니다. 배꼽 아래의 정단精丹과 가슴 쪽의 기단氣丹, 그리고 눈썹과 눈썹 사이의 신단神丹이 그것입니다. 정단에는 우리 몸의 생명 기운인 정精이 자리 잡습니다. 수행을 통해 수승화강水昇火降이 되면 하단전의 정이 맑아지고 굳어집니다. 그 정이 시간이 지나 기화氣化되어서 신단으로 올라가면 우주의 광명을 체험하게 됩니다.

수승화강이란, '물(水) 기운은 올라가고 불(火) 기운은 내려간다'는 의미입니다.

인간이 생명을 유지하는 2대 동력원은, 신장의 차가운 물 기운과 심장의 따뜻한 불 기운입니다. 우리가 수행을 하지 않고 평소대로 생활하면 물 기운은 아래로 내려가고, 불 기운은 위로 오릅니다. 그러면 정기가 소모되어 몸의 조화가 무너지게 됩니다.

많은 청소년이 늦은 시간까지 인터넷 게임을 하고 텔레비전을 보는 습관이 있습니다. 그러면 자고 나도 머리가 멍하고 몸이 무겁습니다. 그것은 불 기운(화기火氣)이 뜨는 현상입

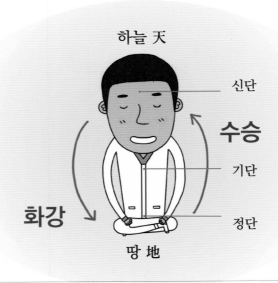

니다. 이런 현상은 컴퓨터나 스마트폰 같은 기기의 전자파에 노출되어 있는 현대인에게 자주 발생합니다.

그런데 수행을 하면 신장의 물 기운은 올라가고, 심장의 불 기운은 내려갑니다. 몸의 정기가 잘 보존되고 기운이 조화롭게 됩니다. 그리하여 머리는 시원해지고, 손과 발은 따뜻해지는 경험을 합니다.

서양 의학의 아버지 히포크라테스Hippocrates는, '발은 따뜻하게, 머리는 차갑게' 하는 것이 건강의 비결이라 했습니다. 최근에 현대인이 하는 반신욕, 족욕도 수승화강*을 돕기 위한 건강법입니다. 그러나 수행을 하면 굳이 이런 방법을 사용하지 않아도 자연스럽게 수승화강이 이루어집니다. 그래서 건강해지고, 정기精氣(생명에너지, essence)가 굳건히 뭉쳐져서 영원한 생명을 누릴 수 있게 됩니다.

> "도道를 잘 닦는 자는 그 정혼精魂이 굳게 뭉쳐서 죽어서 천상에 올라가 영원히 흩어지지 아니하나 도를 닦지 않는 자는 정혼이 흩어져서 연기와 같이 사라지느니라."
> 한 성도가 여쭈기를 "저의 수한壽限*은 얼마나 됩니까?" 하매 말씀하시기를 "너는 일만 년 동안 살게 되리라." 하시니 그 성도가 다시 여쭈기를 "선생님의 수한은 얼마나 되시옵니까?" 하거늘 상제님께서 말씀하시기를 "나는 천지와 더불어 동행하노라." 하시니라. (『도전』 9:76:1~5)

수한
타고난 수명. 또는 목숨의 한도

상제님께서는, 도를 잘 닦으면 천지의 생명과 하나 되어 상제님과 같이 영원히 존재할 수 있다고 하셨습니다. 그러나 도를 닦지 않으면 그 영혼이 연기처럼 사라져 영원한 죽음을 맞이한다는 것을 밝혀 주셨습니다.

5) 올바른 태을주 수행법

이제 태을주 수행 방법에 대해서 알아보겠습니다. 수행할 때 가장 중요한 것은 마음가짐입니다. 태을주 수행을 잘하려면 어떤 마음을 가져야 할까요?

첫째, 바른 마음입니다. 신명은 마음에 따라 응합니다. 마음을 바르게 갖고 참마음으로 태을주를 읽는 것이 수행의 가장 중요합니다.

상제님께서는 다음과 같이 말씀하셨습니다.

마음이란 귀신이 왕래하는 길이니 마음 속에 성현을 생각하면 성현의 신이 와서 응하고 마음 속에 영웅을 생각하고 있으면 영웅의 신이 와서 응하며 마음 속에 장사를 생각하고 있으면 장사의 신이 와서 응하고 마음 속에 도적을 생각하고 있으면 도적의 신이 찾아와 응하느니라. 그러므로 천하의 모든 일의 길흉화복吉凶禍福이 스스로의 정성과 구하는 바에 따라서 얻어지는 것이니라. (『도전』 4:89:7~12)

긍정적인 마음, 밝고 착한 마음, 다른 사람이 잘 되기를 바라는 상생의 마음을 갖고 태을주를 읽어야 합니다. 남을 해치려는 삿된 마음으로 읽으면 반드시 그러한 기운이 응해서 결국 자신까지도 큰 낭패를 겪게 됩니다.

둘째, 믿는 마음입니다. 태을주를 읽고 신비한 체험을 하는 것은, 그 믿음에 신명들이 감응하여 조화가 일어나기 때문입니다.

엎어 놓은 그릇에는 햇빛이 비치더라도 그 빛이 그릇 안으로 들어갈 수 없습니다. 마음도 마찬가지입니다. 마음이 닫힌 상태로, 믿지 않으면서 태을주를 읽으면 아무 소용이 없습니다. 아픈 곳이 있으면 꼭 낫는다는 믿음으로 읽고, 소원이 있으면 꼭 이뤄지기를 바라는 믿음으로 읽어야 합니다.

일확천금*을 하도록 로또에 당첨되게 해 달라든지, 공부는 하지 않고 시험을 잘 치게 해 달라는 잘못된 마음으로 태을주를 읽으면 기운이 응하지 않습니다.

일확천금
한꺼번에 많은 돈을 얻다는 뜻으로 벼락부자가 되는 것

셋째, 의지와 정성(일심一心)입니다. 오직 일심으로써만 참경지에 들어갈 수 있습니다. '나는 할 수 있다'는 강한 의지와, 정의로운 기운으로 꽉 뭉친 그때부터 수행 공부가 됩니다. 조급한 마음으로 며칠하다가 그만두면 당연히 체험을 할 수 없습니다.

물이 끓으려면 반드시 100도가 되어야 합니다. 99도까지 가다가 불을 끄면 물은 끓지 않습니다. 물이 100도에 이르러야 끓듯이, 태을주 수행의 조화도 꾸준히 읽은 공력이 쌓여서 마침내 터져 나오는 것입니다.

다음으로는 수행 자세와 주문을 읽는 방법에 대해 알아보겠습니다.

1. 허리를 반듯하게 펴라

수도의 근본은 자세를 바르게 하는 것입니다. 주문을 읽을 때는 엉덩이를 뒤로 약간 빼고 앉거나 무릎을 꿇고 앉아, 허리를 펴는 것이 중요합니다. 양손은 가볍게 주먹을 쥐고 허벅지나 무릎 위에 편안하게 놓습니다. 허리를 펴야 내 몸이 하늘과 땅을 잇는 연결고리 구실을 합니다. 만약 허리가 굽으면 자세가 틀어지고, 정신이 삐뚤어져 수행이 바르게 되지 않습니다. 자세가 흐트러지면 잡념의 노예가 됩니다.

수행할 때는 배로 호흡을 하므로 허리를 조이지 않도록 허리띠를 느슨하게 풉니다. 몸에 있는 쇠붙이나 금속류(목걸이,

귀걸이, 팔찌, 반지, 시계 등)는 벗어 놓고, 몸을 편안히 합니다. 바쁜 일상생활 속에서는 활동하면서 주문을 읽어도 됩니다.

2. 눈은 살며시 감고 코끝을 응시하라

눈을 감되 완전히 감지 말고 감길락 말락 할 정도로 실낱같이 뜨고 코끝을 응시합니다. 턱은 아래로 약간 당깁니다. 눈을 감으면 게으름, 잠, 꿈과 같은 이미지를 불러들여서 수행에 방해가 됩니다.

3. 호흡을 고르게 하라

호흡과 의식은 하나입니다. 호흡은 즉각 마음에 영향을 줍니다. 호흡을 잘 조절하면 호흡이 길어지고 고르게 됩니다.

수행할 때는 아랫배까지 깊이 숨을 쉬는데 이것을 복식호흡이라 합니다. 숨을 들이마실 때는 배가 나오고 내뱉을 때는 배가 들어갑니다. 숨을 천천히 들이마셨다가 내뱉으며

천지인과 원방각
우리가 천지인을 기하학으로 표현할 때, 아버지 하늘은 원, 어머니 땅은 사각형, 인간은 삼각형으로 표현한다. 왜 인간은 삼각형으로 표현했을까? 인간은 하늘과 땅과 하나가 되는 형상이기 때문이다. 인간은 앉아서 수행할 때 가장 평안하고 깨어 있을 수 있으며, 존엄한 모습을 나타낼 수 있다.

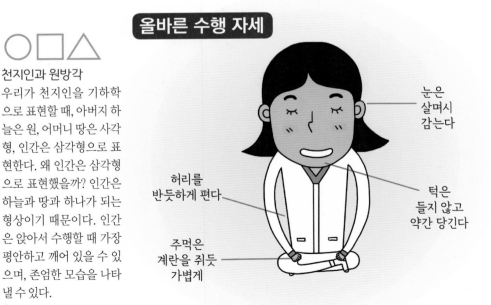

올바른 수행 자세

눈은 살며시 감는다

턱은 들지 않고 약간 당긴다

허리를 반듯하게 편다

주먹은 계란을 쥐듯 가볍게

주문을 외웁니다.

4. 밝고 경쾌한 소리로 읽어라

주문은 반드시 밝고 경쾌하게 읽어야 합니다. 그리고 오직 소리에 내 마음을 집중해야 합니다. 정신은 다른 데 있고 혀만 움직이면 공부가 되지 않습니다. 잡념이 생기거나 시간이 없을 때는 빠르게 읽거나, 마음속으로 읽어도 됩니다. 태을주를 많이 읽으면 그만큼 효과도 큽니다.

5. 리듬에 맞게 읽어라

태을주는 반복해서 읽되, 노래처럼 리듬을 잘 살려서 읽어야 '주문의 힘'이 붙습니다. 주문을 읽을 때 왜 리듬을 잘 지켜야 할까요? 그것은 우주 호흡의 물결과 맞추어야 하기 때문입니다.

리듬은 우주 자연과 생명의 본성입니다. 주문은 우주 음악, 신의 노래이기에 태을주를 읽는 데에도 리듬을 넣습니다. 태을주의 기본적인 리듬을 바탕으로 하되 각자 자기에게 맞는 리듬으로 읽으면 됩니다.

지금까지 간략하게 태을주 수행법을 정리하였습니다. 태을주 수행은 집에서 혼자서 해 볼 수도 있으나, 진리 공부 특히 주문 공부는 전수의 맥이 중요합니다. 가까운 증산도 도장을 방문하면 누구나 올바른 법을 배울 수 있습니다. 증산도 도장은 상제님을 모시는 성소입니다. 9천 년 동안 이어온 신교 제천문화와 수행문화를 바르게 배울 수 있는 유일한 곳입니다.

수행 시 주의사항

수행할 때 척신, 복마(일이 안 되게 하는 마귀)가 발동해서 수도를 방해하기도 합니다. 태을주를 읽지 못하게 졸리게 하고, 계속 어려운 환경을 만들기도 합니다. 도장에 가서 배우려는데 계속 아프거나 딴 일이 생기는 경우도 있습니다.

심지어 태을주를 읽고 잠을 자는데 가위눌림을 당할 때도 있습니다. 그것은 나와 집안의 전생에서 이어온 원한 때문이거나, 억울한 사연을 당하여 앙갚음하려고 덤비는 기운 때문입니다. 보통 검은 그림자나 검은 신명으로 나타나 가위눌림을 하는데, 그런 신명을 척신隻神이라 합니다.

척신이 덤빌 때는 운장주를 읽으면 됩니다. 상제님은 운장주를 대차력주大借力呪라 하셨습니다. 운장주는 나를 보호하고 척신을 물리치는 강력한 주문입니다. 운장주는 역사상 가장 의로웠던 관성제군(관우)에게 상제님께서 기운을 붙이신 주문입니다. 상제님께서 천지의 삿된 기운과 척신을 물리치는 강력한 운장주을 내려 주셨습니다.

운장주雲長呪

천하영웅관운장 의막처 근청 천지팔위제장
天下英雄關雲長 依幕處 謹請 天地八位諸將
육정육갑 육병육을 소솔제장 일별병영사귀
六丁六甲 六丙六乙 所率諸將 一別屛營邪鬼
엄엄급급 여율령 사파하
唵唵急急 如律令 娑婆訶

보호신과 척신 이야기

내 삶에 직접적 영향을 주는 신명은, 나를 지키고 도와주는 '보호신'과 나를 괴롭히고 해코지하려는 '척신' 두 종류로 나눌 수 있습니다.

보호신

지금 나의 몸에는 처음 조상님의 유전인자가 그대로 전해 옵니다. 그래서 옛날 유가에서는 "효孝는 백행지본百行之本이라", 효는 백 가지 행실의 근본이라 했습니다.

그런데 사실 신교의 가르침을 보면 더욱 놀라운 신도세계의 진실이 있습니다. 예로부터 우리 민족은 상제님께 천제를 올림과 동시에, 각 집안에서 조상님께 제사를 지냈습니다. 그 전통이 지금까지도 살아 있습니다. 설날과 추석이 되면 고향으로 제사지내러 가는 모습이 해외에 소개가 되곤 합니다.

왜 한민족은 유독 조상님께 제사를 지내고 잘 받들까요? 그 이유는 조상님이 신도세계에서 살아생전과 같이 자손들을 항상 돌본다는 것을 알기 때문입니다. 그래서 보은의 마음으로 조상님께 항상 감사하고 잘 섬기는 것입니다. 모든 사람에게 '제1의 보호신'은 바로 각자의 조상님인 것입니다.

만약 '하늘땅 아래에서 가장 소중한 존재가 누구냐'고 물으면 어떻게 답을 해야 할까요? 바로 '나'입니다. 내가 있어야 세상 만유도 있기 때문입니다. 그러면 나를 있게 한 분은 누구일까요? 나를 낳아 주신 아버지, 어머니입니다. 더 거슬러 올라가면 조상님입니다. 그래서 조상과 자손의 관계를 뿌리와 열매에 비유합니다.

척신

인류는 경쟁과 대립을 통해 문명을 발전시켰습니다. 그 과정에서 약육강식과 우승열패, 불평등과 부조화가 일어나고 서로 상처를 주었습니다. 경쟁에 진 사람은 풀 길 없는 깊은 한을 맺고 죽었습니다. 원한을 맺고 죽은 신명들이 천지에 가득 찼고, 그 원한의 살기 때문에 지상에는 온갖 참사가 그칠 날이 없습니다.

원한 맺힌 사람은 그 원한을 품게 만든 사람을 저주합니다. 모함과 배신, 음모 속에서 억울하게 죽은 자의 영혼, 상처받고 파괴되어 원한이 너무 깊은 영혼, 낙태아의 영혼은 신명으로 태어나도 천상으로 가지 못하고 구천을 떠돕니다. 분노와 저주를 품고 보복할 방법을 끊임없이 찾습니다. 이렇게 원한에 사무쳐 죽은 사람의 신명이 척신입니다. 척신은 자기에게 상처를 준 사람뿐만 아니라 그 자손에게도 복수를 하려 합니다.

무척 잘사는 길

상말에 '무척 잘산다.' 이르나니 '척隻이 없어야 잘산다.'는 말이니라. 남에게 원억冤抑을 짓지 말라. 척이 되어 갚느니라. 또 남을 미워하지 말라. 그의 신명神明이 먼저 알고 척이 되어 갚느니라. 앞세상에는 서로의 마음속을 드나들어 그 속내를 알게 되나니, 남을 속이지 말고 척이 있으면 풀어 버리라. 부하고 귀하고 강권을 가진 자는 모두 척에 걸려 콩나물 뽑히듯 하리라. (『도전』2:103)

내가 태어난 목적을 깨닫는 길

'나는 왜 태어났을까?'

'어떻게 사는 것이 제대로 사는 것일까?'

우리는 열심히 학교를 다니고 꿈을 이루기 위해 공부하지만, 이런 근원적인 질문에 대한 답을 명확하게 찾지 못했습니다. 그러나 이 책을 읽으면서 '인간은 원래부터 위대한 존재로 태어났구나! 나라는 존재는 하늘땅과 소통하고 하늘땅이 하고자 하는 바를 성취하는 광명의 주체이구나!' 하는 깨달음을 얻게 되었습니다.

우주의 봄철에 시작된 인류 역사를 우리는 1장부터 5장까지 시간 여행을 하듯 살펴보았습니다.

태고 시절, 환국에서 시작된 인류의 뿌리 역사에는 광명문화가 있었습니다. 그 광명문화는 우주의 주재자이신 상제님으로부터 직접 가르침을 받은 신교입니다. 신교 종주국의 주인인 우리 민족은 모두 수행을 하며 '나는 환이다, 너도 환이다, 우리 모두 환이다'라는 마음으로 살았습니다. 우리 민족은 상제님을 가장 먼저 모신 인류의 장손 민족입니다.

9천 년의 인류 역사에서 뿌리 문화인 신교는 줄기 문화인 각 종교로 뻗어나가 화려하게 꽃을 피웠습니다. 원시반본 섭리에 따라 우주의 가을에는 신교의 종주국인 대한민국으로 정신문화가 다시 돌아와 열매를 맺게 됩니다.

대한민국 정신문화의 중심에 한민족의 올바른 역사정신인 신교가 있고, 신교의 주인이신 상제님이 계십니다. 증산도는 이 신교문화를 부활시키고 인류 문화의 열매를 맺게 하는 성숙한 진리입니다. 증산도는 우주의 주인이신 상제님이 직접 오셔서 열어 놓으신 무극대도이며 열매 신교입니다.

상제님은 우주 가을을 맞아 인류의 꿈과 소망을 성취시키시기 위해서, 가을개벽을 극복하고 인류를 후천선경의 새 세상으로 넘겨주시기 위해서 친히 인간으로 오셨습니다.

동방 한민족의 신교와 삼신상제님

태시太始에 하늘과 땅이 '문득' 열리니라. 홀연히 열린 우주의 대광명 가운데 삼신이 계시니, 삼신三神은 곧 일신一神이요 우주의 조화성신造化聖神이니라. 삼신께서 천지만물을 낳으시니라.

이 삼신과 하나 되어 천상의 호천금궐昊天金闕에서 온 우주를 다스리시는 하느님을 동방의 땅에 살아온 조선의 백성들은 아득한 예로부터 삼신상제三神上帝, 삼신하느님, 상제님이라 불러 왔나니 상제는 온 우주의 주재자요 통치자 하느님이니라. 동방의 조선은 본래 신교神敎의 종주국으로 상제님과 천지신명을 함께 받들어 온, 인류 제사 문화의 본고향이니라.

한민족은 환국-배달-조선의 삼성조시대가 지난 후 열국시대 이래 중국 한족漢族과 일본에 의한 상고上古 역사의 왜곡으로 민족사의 뿌리가 단절되어 그 상처가 심히 깊더니 상제님께서 원시반본原始返本의 도道로써 인류 역사의 뿌리를 바로잡고 병든 천지를 개벽開闢하여 인간과 신명을 구원하시기 위해 이 땅에 인간으로 강세하시니라. (『도전』 1:1:1~8)

상제님의 열매 신교, 증산도를 통해 인류는 가을 문화의 대축제의 장을 맞이하고 있습니다. 상제님의 대도 진리 증산도와 태을주 수행으로 우리는 우주의 꿈을 이루는 태일太一로 다시 태어날 수 있습니다. 하늘의 광명(천일)과 땅의 광명(지일)을 이어받아 천지의 꿈과 이상을 실현하는 밝은 존재, 태일이 됩니다.

인간 삶의 가장 숭고한 목적을 『환단고기』에서는 어떻게 말하고 있을까요? 본래 인간의 내면에 깃든 천지의 무궁한 광명과 신성을 회복하고, 만사지萬事知 지혜로써 천지부모님이 꿈꾸는 역사의 이상을 실현(성통공완性通功完)하는 것이 가장 숭고한 목적이라 합니다.

21세기를 살아가는 청소년들은 이제 천지의 큰 꿈을 이루는 새 역사 창조의 한마당에 참여하는 주인공이 되어야 합니다. 그것이 바로 국호 대한의 진정한 뜻이며, 9천 년을 이어온 홍익인간의 사명입니다.

자녀가 부모의 꿈을 이루듯이...

천지의 꿈 실현

天

地

진정한 태일은 천지부모의 뜻과 이상을 성취하는 사람이야!

천지의 꿈을 실현하는 인간은 천지보다 큰 존재 태일이라고 해!

에필로그

태을주 전수의 또 다른 비밀

증산 상제님은 태을주를 전수해 주시고, 누구나 우주의 꿈을 이루는 태일이 되는 길을 가르쳐 주셨습니다. 태일이 되는 여정에서 누구든 3대 관문을 통과해야 합니다.

지금은 우주가 여름에서 가을로 들어갑니다. 이때는 동학에서 '다시 개벽'이라 말한 것처럼 우주적인 대변혁이 옵니다. 우주에도 가을이 올 때는 큰 환절기가 찾아옵니다. 이때 '세 벌 개벽'이라는 우주적 대사건을 겪습니다. 이것은 자연의 섭리로서 필연적으로 닥치는 변혁입니다.

상제님께서는 이 땅에 오셔서 인류에게 우주 개벽을 알리고 준비하게 하셨습니다. 이 가을개벽을 크게 세 가지로 나누어 말할 수 있습니다.

첫째는 자연개벽입니다.

선천은 자연도 문명도 조화되지 못한 상극 시대입니다. 그래서 지구도 23.5도 기울어진 채 운행합니다. 그런데 가을이라는 완성 시대로 들어가는 과도기에 지구의 축이 정남북으로 바로 서는 사건이 일어납니다. 우주 가을의 지상낙원을 이루기 위해서, 기울어진 자연환경이 정립되는 것입니다.

동서양의 위대한 성자와 예언가 들은 한결같이 지구의 극이동을 말했습니다. 지구가 새롭게 태어나는 과정에서 지축이 정립하지만 그때 엄청난 충격과 변혁이 일어납니다. 그것은 마치 새 생명을 탄생시키기 위해 어머니가 산고를 치르는 것과 같습니다.

지구온난화로 빙하가 녹고 지구촌 곳곳에서 지진, 화산 폭발, 쓰나미, 물 부족, 자원 고갈이 심하게 일어나는 것은 대변혁이 닥칠 것을 예고하는 현상입니다.

둘째는 문명개벽입니다.

선천은 생장, 분열하는 시기로 인류 문명이 상극 이치에 따라 큰 경쟁과 전쟁을 통해 급속하게 발전했습니다. 전쟁은 역사를 바꾸는 큰 흐름이었습니다. 전쟁은 약소민족과 인류에게 큰 아픔과 상처를 남기며 원과 한을 맺게 하였지만, 동시에 의학, 과학, 기술 등을 월등한 수준으로 끌어올리는 계기가 되었습니다.

오늘날 인류는 상극의 끝자락에서 이제 상생의 우주 가을 시대를 맞이하고 있습니다. 그런데 상생의 세상으로 들어가는 관문으로서, 상극 질서를 매듭짓는 가장 큰 마지막 한 판 승부가 있습니다.

인류가 가장 큰 문명의 충돌을 해소하고 상생의 새 질서를 열 수 있는 곳은 간방인 한반도입니다. 인류사의 마지막 문명의 충돌이 한반도 38선에 걸려 있습니다. 상제님은 인류가 대전쟁으로 멸망하지 않고 대립을 해소하여 새 문명을 여는 과정으로 가도록 천지공사를 보셨습니다.

갈수록 심해지는 남북한 사이의 대립과 갈등은 곧 닥칠 최후의 한 판 승부를 예고합니다. 인류는 문명의 마지막 충돌, 대전쟁을 통과하여 갈등과 전쟁이 없는 평화로운 세상을 맞이합니다.

셋째는 인간개벽입니다.

인간개벽은 개벽의 완성입니다. 자연개벽과 문명개벽으로

새로운 환경과 문명이 펼쳐진다 해도 결국 우주의 꿈을 이루는 것은 인간에게 달렸습니다. 인간이 본래 신성을 회복하고 우주와 하나 된 광명의 태일로 살아갈 때 진정한 후천 상생의 새 세상이 이루어집니다.

인간은 우주의 열매입니다. 우주의 농부이신 상제님은 선천 봄여름 동안 지은 인간 농사를 추수하러 오셨습니다. 상제님께서는 '가을바람이 불면 낙엽이 지면서 열매를 맺는다'고 하셨습니다.

가을에 서리가 내리는 섭리처럼 우주에는 인간의 명줄을 거두는 추살秋殺 병겁 심판이 있습니다. 선천 5만 년 동안의 인간 삶을 총 정리하여 열매 인간과 낙엽 인간을 구분하는 우주의 심판 과정이 추살 병겁입니다. 상제님께서는 병겁이 오기 전에, 우주의 가을 개벽 소식을 알리는 전령사傳令使인 시두가 대발한다고 말씀하셨습니다.

앞으로 시두時痘가 없다가 때가 되면 대발할 참이니 만일 시두가 대발하거든 병겁이 날 줄 알아라. (『도전』 7:63:9)

많은 의료 전문가들도 전 세계에 유행할 전염병(펜데믹, pandemic)이 임박했다고 경고합니다. 연구에 따르면 30~40년 주기로 펜데믹이 지구를 강타한다고 합니다. 1918년 스페인 독감(1억 명 사망)과 1957년 아시아 독감(200만 명 사망) 이후 1968년 홍콩 독감(100만 명 사명)을 끝으로 펜데믹이 아직 발생하지 않았습니다. 상제님 말씀을 통해서 앞으로 올 펜데믹은 다름 아닌 시두라는 것을 짐작할 수 있습니다.

시두는 어떤 병일까요? 천연두, 손님, 마마, 두창으로도 불리는 시두는, 역사상 가장 많은 생명을 앗아간 무서운 전염병입니다. 시두는 고열과 심한 통증을 동반하며, 내장 조직을 파괴하고 몸의 진액(수기)을 말립니다. 시두에 걸리면 무섭게 앓다가 흉측한 몰골로 죽습니다. 다행히 낫는다 하더라도 곰보가 되고 맙니다. 시두 환자는 치사율이 30%를 넘습니다. '검은 시두'는 치사율이 100%에 이른다고 합니다.

시두 바이러스는 일반 바이러스보다 10배 정도 크고, 유전자 배열이 복잡합니다. 상당히 지능적이어서 바이러스계의 제왕이라 할 수 있습니다. 역사를 되돌아보면, 시두가 크게 일어나서 로마, 마야, 잉카 등 많은 고대 제국이 몰락하고 새로운 제국이 탄생하였습니다. 시두는 역사의 주인을 바꾸는 분기점이 되었습니다.

시두는 1960년대 초에 31개 국가에 풍토병으로 남아 있었습니다. 세계보건기구가 세계적으로 시두 박멸 운동을 시작하던 1967년 당시에는 감염자가 10억 명에 달했습니다.

그런데 "앞으로 시두가 없다가"라는 상제님 말씀처럼, 1977년 아프리카 소말리아에서 발생한 환자를 끝으로 시두가 발병하지 않았습니다. 그래서 1980년 5월 8일, 세계보건기구는 "시두라는 질병은 지구상에서 완전히 사라졌다."고 선언했습니다. 국내에서도 1979년부터 예방 접종을 중단하고 1993년 11월에는, 제1종 법정 전염병 목록에서도 삭제했습니다.

하지만 2001년 9.11사태 이후 생화학 테러의 위험성이 제기되자 시두라는 이름이 다시 공포의 대상으로 떠올랐습니다. 시두 바이러스를 무기로 사용할 가능성과 시두 재발 위험성이 높아졌기 때문입니다. 현재 시두 균은 미국, 러시아, 프랑스, 북한에 연구용으로 남아 있습니다.

시두는 유사시 북한이 가장 먼저 사용할 수 있는 생물무기로 평가됩니다. 공기로도 전염되는 시두 균 10g으로 서울 시민 절반을 감염시킬 수 있다고 합니다. 우리나라는 2002년에 시두를 법정 전염병으로 다시 지정하고, 2009년에는 시두 테러 대비 훈련도 했습니다. 2015년 9월, 한국과 미국이 생물무기의 위협에 대비하여 해마다 실시하는 '한미 생물 방어 연습' 훈련에 시두가 등장했습니다. 시두에 감염된 외국인이 발견되고 호텔을 통해 바이러스가 퍼져 나가는 상황에 대처하는 연습을 한 것입니다.

지금은 "때가 되면 시두가 다시 대발한다."는 상제님의 말씀이 언제 현실화할지 모를 상황입니다. 태모님도 시두가 크게 발생하면 태을주를 읽어야 살 수 있다고 하셨습니다.

> 장차 이름 모를 온갖 병이 다 들어오는데, 병겁病劫이 돌기 전에 단독丹毒과 시두時痘가 먼저 들어오느니라. 시두의 때를 당하면 태을주를 읽어야 살 수 있느니라. (『도전』 11:264:2~3)

인간 삶을 위협하는 각종 전염병은 변종을 일으키며 더욱 강력해지고 있습니다. 이러한 전염병의 발생은 앞으로 강력한 시두가 일어날 예고편이라 볼 수 있습니다. 지난 2015년 대한민국을 강타한 메르스 사태는 온 나라를 두려움에 떨게 하였습니다. 메르스는 앞으로 발생할 시두와 같은 전염병이 얼마나 빠르게 확산될지 잘 보여주었습니다.

상제님이 오셔서 태을주를 가르쳐 주신 데에는 시두 예방보다 더 중요한 이유가 있습니다. 앞으로 전 지구촌에 3년간 병겁이 휩쓸며 인간개벽을 할 때, 병겁을 극복할 구원의 약으로써 태을주를 내려 주신 것입니다.

곧 닥칠 시두 발생과 병겁에 대한 더 자세한 내용은 『생존의 비밀』을 읽어 보시면 잘 알 수 있습니다. 상제님께서 인류를 구원하시기 위해 행하신 천지공사의 놀라운 이야기와 가을개벽의 구체적 현상, 가을개벽을 극복하는 구원 섭리에 대한 내용은 『다이제스트 개벽』을 읽어서 꼭 확인해 보시기 바랍니다.

하늘, 땅, 인간은 세 벌 개벽을 통과하면서, 선천 5만 년 동안 상극 질서 때문에 발생한 부조화를 바로 잡고 새 하늘, 새 땅, 새 인간으로 완전히 새롭게 태어나게 됩니다. 이 세 벌 개벽을 극복해야만 '꿈의 시대' 후천 5만 년 지상낙원을 밟을 수 있습니다.

상제님은 가을개벽기에 태어난 인류가 어떻게 해야 하는지 다음과 같이 말씀해 주셨습니다.

天地生人하여 用人하나니
천지생인   용인

以人生으로 不參於天地用人之時면 何可曰人生乎아
이인생   불참어천지용인지시   하가왈인생호

천지가 사람을 낳아 사람을 쓰나니
사람으로 태어나 천지에서 사람을 쓰는 이 때에
참예하지 못하면 어찌 그것을 인생이라 할 수 있겠느냐!
(『도전』 8:100)

세계 대운이 조선으로 들어오니 만에 하나라도 때를 놓치지 말라. (『도전』 3:14:1)

이제는 가만히 있으면 안 됩니다. 삶의 목적이 무엇인지 안다면, 미래가 어떻게 펼쳐질지 안다면, 스스로 용기를

내어 참여하고 뛰어들어야 합니다.

9천 년 역사에서 나라가 위기에 직면했을 때, 낭가들은 상제님을 믿고 모시며 역사의 물길을 바꾸고 새 역사를 이끌었습니다. 그 낭가들은 모두 10대 청소년이었습니다. 이제 우주 가을을 맞아 인류의 새 역사를 이끌 주역은 그대, 대한의 청소년입니다.

인류의 꿈을 이루고 우주의 꿈을 이룰 대한의 청소년이여!

우리 모두 새벽같이 맑게 깨어나 21세기의 낭가가 되어 다가올 가을 대개벽의 거센 파도를 넘어, 하늘과 땅과 인간이 모두 거듭나는 위대한 환단(천지광명)의 새 역사를 창조하는 주인공이 됩시다!